WAC BUNKO

歪められた昭和史

渡部昇一

WAC

はじめに――日本がなかったらアジアは白人支配が続いていた

高校時代の恩師の一言

「日本は、本当はアジア諸国から感謝されているはずなのになあ」

二十世紀に、もしも日本という国がなかったら――近代の世界史はどう変わっていたでしょうか。

そんな〝歴史上のイフ〟について真剣に考え始めたのは、終戦から四年後の昭和二十四年、私が大学一年生の夏休みに、中学・高校時代の恩師である佐藤順太先生が、何気なく口にされた右の一言がきっかけでした。

私の故郷は山形県鶴岡市のはずれです。十代の後半、終戦にともなって学制が旧制から新制に切り替わったため、私は旧制の県立鶴岡中学最後の卒業生となり、さらに新制の県立鶴岡第一高校最初の卒業生になるという具合で、同じ校舎に六年間通学しました。

高校で英語を教えてくださった佐藤順太先生は、武士の血筋でいらっしゃいましたが、明治維新で家が微禄《びろく》し、中学には進まずに検定試験を受け、日露戦争の頃、月謝のいらない東京高等師範学校に入学されて英語の教師になられました。

博識な先生で、とくに英国の貴族の生活とその趣味である狩猟に詳しく、猟銃や猟犬については日本の権威であり、戦前の百科事典の執筆者でもありました。

ご高齢で教職を退き、隠居所のようなところで、ある意味では世捨て人のような暮らしをされていましたが、学制の切り替えで英語教師に欠員が生じたらしく、呼び戻されて再び教壇に立つことになったのです。昔風の英語教育なのかもしれませんが、殴ってばかりいた戦時中の先生方の教え方とはまったく違っていた。佐藤先生の授業は本物でした。英語とはこんなに面白いものかと知性が啓《ひら》かれる思いがしました。

そのおかげで英文科に進んだ私は先生にお礼状を書き、それがきっかけでご自宅にお招きいただきました。そのとき、私は初めて本物の書斎というものを見たのです。いまから考えるとそれほど広いお部屋ではなかったはずですが、終戦直後の山形県の田舎の、さらに町はずれの隠居所に、イギリスの百科事典が並んでいる、分厚いアメリカのスタンダード辞典がある、日本印刷史上輝ける美本『小泉八雲全集』はそろっている。そして天井まで木版本が積んであるのです。もちろん、先生はそれをすべて読んでいらっしゃった。

その書斎に初めて入ったとき、先生が座布団にすわって煙草を吸っておられたのを覚えています。わきに碁盤があって、碁は鶴岡でいちばん強いという話でした。

私は、絶対にこういう老人になろう、こういう書斎で生活しようと決めました。それが、四十年近く前に刊行していまだに版を重ねている『知的生活の方法』から、私の書斎を写真で紹介している最新刊『青春の読書』にまでつながっています。

それからは休暇で家に帰るたびに敬愛する先生のご自宅を訪問して、いろいろなお話をうかがいました。話題は世の中とはまったく関係のないものばかりでしたが、何かの折に、先生が「日本はアジア諸国から感謝されているはずなのに」と、ポツリとおっしゃったのです。

軍国主義とも政治思想とも縁のない老先生の口から何気なく出たこの言葉に、私は電流が走ったような衝撃を受けました。

「東亜侵略百年」を覆す

私が小学校に入った年に支那《しな》事変が起こりました。大東亜戦争が始まったのは小学校五年生、終わったのは中学三年のときでしたから、物心ついてから日本はずっと戦争をしていたことになります。

当時の子供たちはみな軍国少年ですから、戦争に関心が深く、戦艦「陸奥《むつ》」「長門《ながと》」のトン数や大砲の口径はもちろん、アメリカの軍艦についても誰もがくわしく知っていました。いまの子供たちがサッカー選手にくわしかったり、ワールドカップに熱中したりするのとは次元が違います。親戚や近所の人が出征したり戦死したりしているし、いずれ自分も戦地に赴《おもむ》かなければならないという緊張感がある。身近で切実な問題だったのです。

だから、石油の輸入を止められたと聞いたときは、小学校五年生ながら、いったい日本はどうなるのだろうと、目の前が暗くなるような気がしました。石油がなければ二十世紀の国家は存続できないということは、われわれ少国民にいたるまで、日本人なら誰もがわかっていましたから。

そうした状況のなかで、一九四一年十二月八日の朝七時、「帝国陸海軍は今八日未明、西太平洋においてアメリカ、イギリス軍と戦闘状態に入れり」――という有名な臨時ニュースが流れました。

「ついに戦争か！」と思うまもなく、真珠湾攻撃に成功したという記事が出たものだから、本当に晴れやかな気持ちになりました。

それは少年だった私だけの個人的な感想ではありません。戦後は日米開戦を知って「困ったことになった」と知識人の多くが嘆いたということにされていますが、開戦当時の新聞を見れば、「これで長年のモヤモヤした気分が晴れた」という識者のコメントが紙面を埋め尽くしています。占領軍の顔色をうかがってか、戦後はみんな当時の正直な気持ちを言わなくなっただけのことです。

私は、日本はやむを得ず立ち上がったのだと、子供心にも思っていました。そして戦争が始まってまもなく「大東亜決戦の歌」というのを教えられました。

起つやたちまち撃滅の　凱《かちどき》あがる太平洋
東亜侵略百年の　野望をここに覆《くつがえ》す
いま決戦の秋来《ときき》たる

欧米列国の「東亜侵略百年」を覆す戦いだということは、当時は子供まで知っていたし、そういう覚悟でいたのです。出征した兵士も、そのつもりで行ったはずです。

醒めた目で見れば、天然資源を止められたから取りに行ったというだけの話かもしれません。たしかに現象的にはそのとおりです。

客員教授として初めてアメリカへ渡ったとき、当然、日米戦争の話が出るので、私は「チョーク・アンド・パンチ」という理論《セオリー》を考えました。石油も鉄も売らないというアメリカのチョーク（choke＝首を絞める）攻撃に崩れ落ちる寸前、日本は苦しまぎれに真珠湾にパンチを繰り出した。これが、日本が戦争に突入した理由だという説明です。ほとんどのアメリカ人は肩をすくめるばかりでしたが、そもそもマッカーサー自身が、帰国してからは同じような趣旨で「日本が戦争を始めたのは主として自衛のためであった」と上院で証言しています。

しかし、その「チョーク・アンド・パンチ」の陰に、欧米の「東亜侵略」を覆すという理念があることを多くの日本国民が理解していました。戦後の日本人はそのことを忘れたのです。

忘れられた日本の言い分

玉音放送で日本が負けたと知ったときは悔しかった。われわれは降参していない、日本の上の方の人々が弱気なのだという意見にも説得力がありました。鶴岡のあたりは空襲を受けなかったから、やられたという実感がわかなかったのです。私の姉などは、「アメリカ兵がやってきたら、日本女性はピストルで立ち向かう」なんて、とてつもないことを言っていた(笑)。

ところが、夜も電気を煌々《こうこう》とつけられるようになったし、学校へも、もうゲートルを巻いていかなくてもいい。防空壕もいらなくなったというので菜園にしたりする。なんだかホッとして、悔しさがどんどん薄らいでいった。「日本は本当に負けたんじゃない」なんて言っていたのはせいぜい半年くらいです。

もう戦争に行かなくていい。国家存亡の緊張感が、敗戦とともに雲散霧消《うんさんむしょう》しました。緊張感のない生活というのは実に甘美なものなのです。それまで男女は厳しく分けられていて、女学校の前を通るだけでもドキドキしたのに、女子生徒と一緒に劇をやるなどというのは、中学生にとって一年前には考えもしなかったパラダイスです。

まだ配給制や闇市場は残っていましたが、普通に商売はできるし、娯楽も、戦前のカフェーもキャバレーと名を変えて復活する。世の中が明るく楽しくなったことはたしかです。

そのうえに、戦前・戦中の日本をすべて否定する占領軍政策、言論統制、有能な人材を追放する公職追放令が行われ、日本人はいつのまにか、戦争に至る日本の言い分を忘れてしまいました。

私も大学で目前の勉強に追われ、当時の多くの青年と同じく将来はアメリカに留学したいと考えていましたから、戦前のことなど考えているひまはなかった。そんな雰囲気のなかで佐藤先生の何気ない一言を聞いて、もう一度日本の言い分に耳を傾けるべきではないかとハッと気がついたのです。

それで伊藤正徳の『軍閥興亡史』や、東京裁判における「パール判決書」などをはじめ、いろいろな資料を読むようになりました。そうして日本の言い分というものがよく理解できるようになったのです。

人種差別の時代

当時の日本人なら身に染みて知っていたことですが、戦前は人種差別がまかりとおった時代でした。このことが戦後は口にされることが少なくなったように思います。

昭和天皇も、「戦争の遠因はアメリカにおける移民の迫害であり、近因は石油の禁輸である」と明快におっしゃっています。これは昭和天皇の御実感であると同時に、われわれの世代までの実感でもあります。

移民に対するアメリカの人種差別に、日本人は怒り心頭に発していました。日本人は日露戦争に勝ったという誇りを持ってアメリカに移民して、一所懸命働いた。しかも日本移民は犯罪とはまったく無縁の人種でした。

これも私がアメリカの客員教授だったとき、犯罪学が専門の金髪碧眼《へきがん》の美人教授から聞いた話ですが、ＦＢＩは各民族集団に同じ人種の職員を送り込んでいたけれど、日本移民は絶対に犯罪を起こさないとわかっていたから、日本人の移民集団は例外だったそうです。そんな日本人をアメリカは、一九二四年に絶対的排日移民法を定めて徹底的に差別し、迫害した。親米派だった渋沢栄一が、こんなことなら若き日の尊王攘夷の精神を捨てるべきではなかったと悔し涙を流したほどです。アメリカ大使館の前で切腹して抗議した人もいました。

アメリカの太平洋艦隊の司令長官だったニミッツは回想録のなかで、海軍ではシナ人、黒人、ヒスパニックのような有色人種は厨房でしか使わなかったと言っています。もし一般の兵隊にして下士官にでも出世しようものなら、白人が部下になってしまうからです。

有色人種に対して白人が優位に立ったのはそれほど昔の話ではありません。イスラムやモンゴルは同等に戦っていました。ところが、ヨーロッパで数学と物理が結びついて自然科学が興り、それをもとに産業革命に成功した。それが、西洋人が優れた鉄砲や大砲をつくりだした十八世紀の半ば頃のことです。

白人の横暴と支配に対して、シナではアヘン戦争、インドでもセポイの乱のような反乱が起こりましたが、白人に抵抗するたびにますますひどい目にあい、白人の〝高度な〟近代文明には絶対にかなわないということになった。インドにもシナにも高度な文明があったのに、自然科学は生まれず、近代産業国家にもなれなかったからです。

日本に黒船が来たのは、世界において人種の〝差〟が歴然となっていた時期でした。シナもインドもトルコもイスラムも、手も足も出ない。白人に抵抗できる有色人種は皆無でした。ところが、日本だけは違っていた。日本によって人類の歴史は一変するのです。

日本があれほど短期間に、しかも完璧に西洋の自然科学と近代産業を自らのものにしてしまうとは、白人は夢にも思わなかった。日本人さえいなければ二十一世紀、あるいは二十二世紀まで有色人種は白人の召使いか奴隷にすぎなかったはずなのです。ところが、間違って日本を開国させてしまった。

近代産業と武士道

日本には武士がいて、武士道があることを彼らは知らなかったのです。

本当の意味で日本人に「武士道」が意識されるようになったのは、江戸時代に入ってからです。平和な時代に、民は働き、米や野菜をつくって人々の暮らしを支えている。では、自分たちの役割は何なのかと武士たちは自省します。そして、自分たちは「立派」になるよりしかたがない、「立派」であることが自分たちのレゾンデートル（存在理由）なのだと考えました。

農民や町人と自分たち武士が最も違うところは何かといえば、名誉のためには死を恐れない、いつでも命を賭ける覚悟があるという精神です。そうした精神が武士道へと結実していった。武士は真の意味でエリートたらんとしたのです。

武道に秀《ひい》で、学問に励んでいた武士たちには、瞬《また》く間にものごとを理解する力が備わっていました。だから、黒船が来航したときも、向こうには大砲があるが、こちらにはないのだから戦っても勝ち目はないと瞬時に悟った。江戸湾に入られて撃たれたら江戸城を守る術《すべ》がない。すぐさまそう判断して、軟弱にみえようとも譲歩する。その間に幕府も雄藩も西洋から近代産業や軍隊のつくり方を教わり、自らの仕える藩の産業を高めるために献身的な努力をしたのです。

明治期の日清・日露戦争の司令官はみな武士の出身ですから、「武士の戦争」と言ってもいいでしょう。幼年の頃から武士道を教え込まれている武士階級の人間が指揮をとると、実にいい司令官になる。多少愚かなところがあったとしても、人々から仰ぎ見られるような気迫を持っていました。しかも、武器を支えるもとになった自然科学に携わった人、あるいは工業や発明に携わった人の大部分は武士階級の出身です。

日本台頭の序曲ともいうべき日清戦争は西洋人から見れば単なる東洋人の間の戦争でしかなかったかもしれません。しかし、二十世紀初頭に起こった日露戦争（一九〇四〜〇五年）は、一四九二年のコロンブスのアメリカ到着以来、五百年の歴史を覆す一大転機となりました。

難攻不落と言われていた旅順の要塞が落ちた。奉天の戦いでも日本が勝った。日本が負けた戦場は皆無でした。しかし、何よりも世界が驚愕したのは、日本海海戦でロシア艦隊が全滅したことです。海上で負けたということ、これは西洋人にとっては衝撃だったはずです。

歴史をふり返っても、ギリシャはサラミスの海戦（紀元前四八〇年）に勝利してペルシャの軛《くびき》から脱しました。西ヨーロッパを席巻していたオスマン帝国が没落したのはレパントの海戦（一五七一）で負けたからです。海上における敗戦は致命的であるというマハンの理論が世界に浸透していた時代に、日本海海戦は白人の大海軍に対して史上空前ともいえる日本の一方的な勝利に終わったのです。

この勝利は、世界中の被征服民族に、「有色人種でも白人に勝てる」という自信と希望を与えました。その一方で、白人は数百年間におよぶ利権が脅かされることになったと受け取りました。

これによって西洋諸国の態度が変わります。日本に好意的だったアメリカも日本に対して脅威と反感を持つようになり、移民の迫害が始まって、以後、複雑なプロセスを経て大東亜戦争に至るのです。

後世に残る大東亜共同宣言

開戦時には、タイ国を除いてアジアはすべて植民地だったと言っていいでしょう。アメリカはフィリピンに独立を約束しながら、何度も反古《ほご》にしている。中国は租界によって部分的に占領され、半植民地状態でした。日本が戦争を始めなければ、植民地支配から脱した国はいまなおアジアにはなかったかもしれません。大東亜戦争が白人の〝優位性〟を根底から突き崩したのです。

あの戦争は航空母艦の戦いであり、機動部隊を持っていたのは日本とアメリカだけでした。ドイツさえ航空母艦はつくっていない。ソ連にもない。イギリスにはありましたが、機動部隊をつくるほどはなかった。インド洋に脅しに出てきた空母ハーミスも、あっという間に日本の機動部隊に沈められてしまいました。言い換えれば、あの戦争は日米の一騎撃ちだったのです。

数隻の航空母艦と数百機の飛行機を備えて三年半戦うということが、果たして自分たちの国にできるだろうかと、ヨーロッパの白人たちは考えたはずです。有色人種である日本人が自分たちにはできない戦いをしているのを、固唾《かたず》をのんで見守りながら、彼らの有色人種蔑視の感情に変化があらわれたことは想像に難くありません。

そして、戦時中の昭和十八年(一九四三)、東條内閣の外務大臣だった重光葵《しげみつまもる》の発案で、東京で大東亜会議が開催されました。これは歴史始まって以来最初の、有色人種による〝アジア・サミット〟です。

日本の東條英機首相、満洲から張景恵《ちょうけいけい》、南京の中華民国国民政府からは汪兆銘《おうちょうめい》、タイ国からワンワイタヤーコーン親王、ビルマからはバー・モウ、フィリピンからはホセ・ラウレルらが一堂に会しました。自由インド仮政府のチャンドラ・ボースはオブザーバーとして参加しています。そうして、全会一致で大東亜共同宣言を採択しました。これは世界史に記憶されるべき大事件です。しかも、その宣言は今日読んでも一句の変更も必要ない。

チャーチルとルーズヴェルトが大西洋会談で発表した大西洋憲章など、歴史のひとコマにすぎず、後世に残るものではありません。ところが大東亜共同宣言は、この大西洋憲章に対抗して植民地支配の否定と人種差別撤廃を提唱しました。日本は敗れこそしましたが、結果的にそれを実現させたのです。やはり日本は本当に負けたのではなかった。われわれはこれを忘れてはなりません。マレーシアのマハティール首相は、日本は「身を殺して仁を成した」と言いました。自らの命を犠牲にしても仁道のために尽くす――まさに武士道精神をもって日本は戦ったのです。

二十世紀の初めと二十一世紀の初めとでは何がいちばん違うのか。二十世紀が始まる頃は、世界中で人種差別はあって当然どころか、むしろ美徳でした。それは白人が進化論を自分たちに都合よく解釈した結果です。ところが二十一世紀には世界から実質上植民地は消え失せ、人種差別は悪になりました。国と呼べるかどうかあやしい国であっても、人種は平等、国家間の権力も平等です。国連では弱小国から事務総長が選ばれ、差別的な発言は絶対に許されません。これは日本がなければ、大東亜戦争がなければありえなかった。アフリカ系のオバマがアメリカの大統領に選ばれたのも、その流れの中にあるのです。

「大君の額《ぬか》づき給う」

私は近頃、靖國神社の意味をよく考えます。戦後しばらく、あの戦争が悪い戦争のように言われてしまったために、靖國神社に祀《まつ》られている戦死者も、まるで犬死であったかのように同情されるだけの存在になってしまっています。しかし、これは靖國神社の趣旨からもう一度考え直すべきだと思います。

靖國神社の趣旨とは、戦死した武士をお祀りすることです。いまのわれわれには失われた感覚かもしれませんが、たとえば、日露戦争で旅順要塞の陥落後に行われた、乃木大将とステッセル将軍の会見の様子を歌った「水師営の会見」に、次のような歌詞があります。

ステッセルが「かたち正して言い出でぬ『この方面の戦闘に二子を失い給いつる閣下の心いかにぞ』と」。それに対して、「『二人の我が子それぞれに死所を得たるを喜べり。これぞ武門の面目』と大将答え力あり」。

当時の日本人は、もちろん戦死者を悼みながらも、それを武門の面目だと感じました。靖國神社は、すべての戦死者を武士として祀り、武門の面目、国家の面目と考えてお祈りするところなのです。

靖國神社の本質という点については、「靖國神社の歌」の歌詞が簡にして要を得ています。

ああ大君の　額《ぬか》づき給う　栄光の宮　靖國神社

これは天皇陛下も頭を下げてお参りする神社だという意味です。

神社は皇室から「正一位」というような位を賜るわけですから、天皇陛下が頭を下げるようなことは普通ありえない。たとえば臣下である藤原氏を祀った春日神社に陛下がお参りするのはおかしな話です。

天皇が額づくのは、皇室の先祖を祀る伊勢神宮や明治神宮、応神《おうじん》天皇の直系である八幡神宮のような別格の神社だけです。靖國は、その「別格」の一つなのです。

「靖國神社の歌」には、次のような歌詞もあります。

幸御魂《さきみたま》　幸《さき》はへまして　千木《ちぎ》高く　輝くところ
皇国は永遠《とわ》に　厳たり　ああ一億の　畏《かしこ》み祈る
国護る宮　靖國神社

幸せなる御魂が幸《さき》わうところが靖國神社である。「幸御魂《さきみたま》」とは、誉《ほま》れある死に方をした武士の御魂であるということです。先ほども言ったように、武士が戦死したという感覚を多くの日本人が戦後は失ってしまっていますが、靖國に祀られるのは「幸御魂」なのです。

無縁仏だっていくらでもあるのに、戦死者には一人残らず名前があり、たとえば山田太郎なら、山田太郎命《のみこと》として永遠に祀られ、例祭が盛大に祝われます。明治以来、戦場で亡くなった人々に対して、われわれはただ同情するのではなく、そういう態度で接するべきだと思います。

ランケの『ローマ史』に対するマコーレーの書評に、「廃墟となったロンドン・ブリッジを旅行者が眺めるようなことがあっても、ローマ教会は昔と同じように宣教師を世界に派遣しているであろう」という一節があります。それに倣《なら》えば、砂の下に埋もれた北京の上を駱駝が歩いているようなことがあっても、ホワイトハウスから人影が消えるようなことがあったとしても、日本では靖國神社に英霊が祀られ続けているであろう——そんな希望をわれわれは持つべきでしょう。

(『歴史通』二〇一五年九月号)

歪められた昭和史

◉目次

はじめに　日本がなかったらアジアは白人支配が続いていた　3
高校時代の恩師の一言／「東亜侵略百年」を覆す／忘れられた日本の言い分／人種差別の時代／近代産業と武士道／後世に残る大東亜共同宣言／「大君の額《ぬか》づき給う」

第1章　「満洲国は日本が中国を侵略してつくった」のではない　29
天下の名著『紫禁城の黄昏』／歪んだ中国観の元凶／携帯とＩＴで中国は崩壊する／アメリカと組んで中国と付き合うべし

第2章　「信念から始まる朝日新聞」への疑念　43
上がおかしくなると下までおかしくなる／朝日新聞のレッテル貼り／疑念で始まり、信念で終わる／「日本悪しかれ」史観に貫かれている／親疎の別を立てるべからず

第3章 韓国大統領はゆすり、たかり、恩知らず 57
「皇帝」と「王」との違い／傷つきやすいエゴを持っている国／日清戦争の対立点／「併合」は「植民地化」ではない／韓国を日本並みにしようとした／知識は力なり

第4章 恩を仇で返す韓国にはウンザリ 75
韓国の生意気な発言／不都合な歴史の真実／北岡伸一氏の歴史観／マッカーサーこそ歴史修正／日本を蝕む東京裁判史観／歴史回復は反米に非ず／神の御心より反日／恩を仇で返す韓国企業／日本は粛々と自分の道を

第5章 中国・韓国は歴史的痴呆症だ 95
歴史教育とは「美しい虹」を見せること／『紫禁城の黄昏』を読み返せ／日本の劣等感をなくすために／中国・韓国はいまや一番非友好国

第6章 ヤクザも呆れる中国の厚顔無恥 111
自虐史観におもねる加藤紘一氏の論文／靖國問題は朝日問題／加藤氏の歴史認識を問う／ドイツは戦争自体にたいして謝罪していない／ドイツ再軍備の真相／朝日新聞に巣食うもの

第7章 朝日よ、講和条約をよく読め！ 127
槍玉に上がった森岡発言／第十一条の明らかなる誤訳／講和条約の見直しを／天皇陛下の御親拝実現を／「縦の民主主義」／角栄の切り返しに学べ

第8章 東京裁判は日本を蝕む〝梅毒〟だ 143
長きにわたって日本の精神を毒す／東京裁判を支持する朝日と中・韓／国会は全会一致で戦犯を救済した／私の三段階にわたる「梅毒」根治案／真相黙殺「井伏鱒二現象」／マッカーサー証言をTV放映せよ

第9章　人を喰う中国人に喰われるな　161
隷属を強いられる「友好」／早く撤兵したかったシナ事変／満洲国は侵略ではなかった／根拠なき罪悪感／食人肉風習のＤＮＡ

第10章　脈々と続く朝日新聞反日の源流　179
何が「反日を煽る人びと」を育て上げたのか／朝日に継承された反日思想／日本の復讐を怖れたアメリカ／沈むばかりの朝日のプレステージ

第11章　国を滅ぼす煽情ジャーナリズムの淵源　195
郵政民営化は二十年来の信念／統帥権干犯問題が事の初め／槍玉にあがった天皇機関説／五・一五事件の皮肉／ケーディスの亡霊／メディアの立場

第12章　慰安婦歴史論争は朝日の全面敗北で終わった　211
朝日、ついに「降参」／産経新聞の大金星／朝日新聞の〝前科〟／卑怯な論点逸らし／政治的意思による誤報／過去にも「長々と弁解」を／捏造は会社ぐるみ／朝日は天下の恥晒し

第13章　皇統「百二十五代」は日本の誇り　227
皇室は「日本人の総本家」／「成り上がり」国家ではない日本／山上憶良の日本国観／神社に見る日本人の本質／シナ文明と異なる日本文明／皇太子殿下のご発言について／皇統百二十五代の重み

第14章　あまりに拙速な女性天皇容認論　241
結論を急ぐ有識者会議／男系は「種」、女系は「畑」／朝日の真っ当な女帝論／女性天皇はすべて未婚／拙速な議論は必要ない／尊さの源は「種」

第15章　天皇「生前退位」の衝撃！　摂政を置いて万世一系を　257
皇室典範を変えるべきではない／女性天皇と女系天皇は違う／万世一系が揺らいではいけない

おわりに　ソクラテスのごとく……　264

装幀　須川貴弘（ＷＡＣ装幀室）

本書は、二〇〇八年十月に弊社より出版した
『渡部昇一の昭和史続』を増補改題した新版です。
新たに「はじめに」「第4章」「第12章」「第15章」
を加えました。

【第1章】

「満洲国は日本が中国を侵略してつくった」のではない

天下の名著『紫禁城の黄昏』

戦後日本における中国の問題の一つは、満洲国にたいする見方、すなわち「満洲国は日本が中国を侵略してつくった」という見方ですが、そこに端を発していると思います。

そもそも日本の国際連盟脱退も満洲問題が原因です。満洲問題自体が起こったのは、国際連盟が満洲国という国を理解できなかったことによるものであり、とくにアメリカは理解しようとさえもしませんでした。イギリス人であるリットン卿は理解できないまでも、満洲事変は侵略とは簡単に言えないと言っているのです。

アメリカなどは、日本がシナを侵略しているという立場をとりましたが、満洲に関していちばん正しい見方をしていたのは、イギリス人のレジナルド・ジョンストン卿です。彼は溥儀《ふぎ》の教師であり、のちに香港大学の教授やロンドン大学の東方研究所所長にもなった人物で、当時第一級のシナ学者です。

清朝にずっと仕えていたので、内部事情にも非常に精通していました。満洲国建国の経緯や溥儀自身の意思も彼はよく知っていました。ですから溥儀が父祖の地である満洲に戻って、そこの皇帝になったことをとても喜んだ。そうして『紫禁城《しきんじょう》の黄昏《たそがれ》』という天下の名著を書いたのです。

この本は東京裁判のときに、日本の弁護団が証拠として使おうと、証拠物件申請をしたのですが却下されました。本当の理由は至極簡単で、この本がジョンストンという学者であり第一級の証言者が著した、ウソ偽りのない資料であるゆえに、証拠採用してしまえば東京裁判自体が成り立たないからです。

『紫禁城の黄昏』は戦後長らく世界中で再出版されませんでした。映画「ラスト・エンペラー」がヒットしたので、岩波書店が岩波文庫として刊行したのです。

ところが、この文庫ではシナという国のあり方を説明した一章から十章までがまったく削除されて十一章からはじまっている。更に満洲建国に重要な第十六章も削除しています。しかも序文でも満洲国に関係ある人物が登場すると、一行でも二行でも虫が喰ったように削除するという、信じられないことをやっている。

満洲のことを中国東北部と称するのは、中国政府の侵略史観のあらわれです。満洲国は、満洲という土地に、満洲族一番の直系の王族が戻ってきて建てた国です。満洲というのは万里の長城の北にあります。それは、万里の長城から北はシナでないという意味なんです。そのことを考えずに、満洲は中国の一部だというのは、チベットや新疆《しんきょう》が中国だというのと同じ思想で、シナ人の単なる侵略思想です。

満洲は明らかに清朝政府（満洲民族の帝国）の復活です。満洲人の満洲人による満洲人のための満洲国を作りたかったのだけれども、それをやる能力がないから日本が内面指導したのです。大臣はすべて満洲人か、清朝の遺臣でした。首相だった張景恵《ちょうけいけい》は、戦後もずっと日本にたいして友好的な態度をとっていました。

残念ながら、いま満洲族には国家を再建するほどの人間は残っていないでしょう。日本人もせっかく国をつくるのを手助けしたのにと、残念に思っていいと思う。香山健一氏（学習院大学教授＝故人）から聞きましたが、満洲人はいまでも涙を流すそうです。「われわれにも自分たちの国があったんだ」と。しかしもう戻らないでしょう。満洲国の血筋はほとんど消されてしまったわけですから。これこそ一種の民族浄化です。

今後、日本人、とくに政治家のような中国関連の仕事をやる人たちは、満洲国は日本が中国を侵略してつくったのではなかった、という認識をまずもって持たなくてはならないと私は思います。シナ人にたいする罪悪感を抱えたままでは、いつまで経っても何も変わりません。

歪んだ中国観の元凶

満洲に関してこういう見方がはびこった理由は大きくふたつあります。

ひとつは、戦後の保守派の主要な論客である、林健太郎氏（元東大総長＝故人）と猪木正道氏（元京都大学教授、元防衛大学校校長＝故人）の影響が大きかった。このお二人は、戦後は保守的正論の尊敬すべきリーダーでありましたが、青春時代に共産党あるいは左翼勢力の思想・歴史観の影響を受けていて、満洲国の話になると、とたんに「それは日本の侵略だ」という、当時のコミンテルンの見解、すなわち日本やシナの共産党の見解からなかなか脱却できませんでした。

しかもこのお二人は戦後の保守論壇の大御所として保守政党の幹部たちの尊敬を集めていました。その二人が「満洲事変は日本の侵略だ」と言っていたのですから影響は大きかった。

もうひとつは、シナ事変（日華事変）は日本が仕掛けたと思わされたことです。シナ事変の発端となった盧溝橋《ろこうきょう》事件は、冷静に考えれば日本から発砲するわけはない。

当時大本営の参謀本部第一部長は石原莞爾《かんじ》でした。彼はシナと戦うことには終始絶対反対だった。彼にとって、陸軍の敵はソ連以外には考えられない。彼はシナ事変最中の講演のパンフレットのなかで、シナというのはナポレオンにとってのスペインみたいなものだから、手を出すなという趣旨のことを言っています。

日本は武力衝突する姿勢はなかったし、シナ軍（国民政府軍）もそういう日本の姿勢を認識していた。実際には、国民政府軍に紛れ込んだ共産軍の潜入兵士が撃った。この事件は中国共産党が仕組んだワナであることが認められております。

が、現地で停戦が成立した後に通州事件が起こり、更に（第二次）上海事変も起こった。この上海事変もシナ側が仕掛けたものです。いったん戦争が始まってしまえば後は戦争の論理で事態は進みます。当時の日本軍は強かったですから、あっという間に南京も占領してしまった。

占領した時点で、参謀次長の多田駿《はやお》（参謀総長は閑院宮《かんいんのみや》殿下であったから実質上の参謀総長）が、南京で止めなきゃダメだと言うんですが、近衛首相は止めなかった。彼が「蔣介石（国民政府）を相手にせず」なんて言ってしまったから、シナ事変は泥沼にはまってしまった。

シナ事変というのは日本がはじめたかのように思わされてきました。ところが東京裁判でも、シナ事変の開戦責任を日本に問うことはできませんでした。問おうとして失敗した。開戦の真実なんて調査すればすぐわかりますから。しかしその事実は、戦後ほとんどの日本人の知識として定着していません。平成十七年十月、駐日中国大使の王毅閣下と、数名の日本人が食事を含めて三時間以上話し合う機会がありました。私はその時、王大使にこのことを指摘しましたが、大使は否定されませんでした。

シナ事変が始まったこと、そしてそれが終わらなかったことは、まったくもって痛恨事でした。われわれが出征兵士を送る時に歌った陸軍の歌でも、「凱旋」の部分は歌わされず、「いつ歌えるのかな」といらいらしたことを覚えています。

そしてそのことがいつの間にか、シナにたいして悪いことをしたという贖罪意識にすりかわってしまったのです。そこには、意図的にすりかえようとした勢力があったことも確かです。

これらふたつのことが日本が戦後の中国問題を見誤っている根本です。

そういった歪んだ中国観がなぜ修正されてこなかったか。三つの要因があります。第一には戦後の占領政策。

アメリカが押しつけた占領政策のひとつに、シナ人の悪口を言ってはいけないというのがありました。

だから、一時、戦後ジャーナリズムの特徴のひとつとして、何かにつけて「そんなことを言ってもいいんでしょうか」と確認するという風景が見られました。

戦前は皇室関係以外はそんなことはなかったんですが、戦後はやたらと言論に関する禁止条項があって、それに引っ掛かると悪ければ戦犯扱いされたり、公職追放令で罰せられました。

第二には外務省。外務省の幹部も、とくにチャイナ・スクールと呼ばれる人たちを中心に、日本はシナ人に酷いことをしたんだから、何を言われても聞いてあげなければならないと、はっきり言っている。

東シナ海の海洋資源問題はようやく今頃になって問題化していますが、この問題は昔から杏林大学の平松茂雄元教授が指摘していたことです。外務省の弱腰が、地図まで改竄《かいざん》して尖閣列島を中国領土だと主張したり、中国石油開発会社が日中中間線を越えて鉱区を設定したりというような今日の中国の無法を招いたのです。

そして第三にはマスコミ、とくに新聞、何と言っても朝日新聞と岩波書店の責任は重大です。この二社の中国に対する卑屈なまでの報道姿勢が戦後、日本人の中国観を大きく歪めてしまったのです。

携帯とITで中国は崩壊する

第一次近衛内閣で大蔵大臣を務めた賀屋興宣《かやおきのり》（戦後、法務大臣）という人が、戦前のシナについて、戦後になってからこんなふうに書いています。シナというのは、四億の民がいるから日本と商売が成り立つかと思ったら、民衆が貧しすぎて成り立たない。地味豊かな国だといわれていたが、じつはあの国には何にもないのだと。

戦後になって、中国では「大躍進」「文化大革命」、そして最近の「大発展」と次々つづいていきますが、その姿を見ていると、いつ転ぶかわからない感じがします。北京オリンピックまでもたないのではないかという人すら出てきている。

その理由はいくつか考えられるのですが、例えば長谷川慶太郎氏（＝故人）も指摘するように、携帯電話の存在です。中国では携帯電話は二億人以上が持っているそうです。この携帯電話の普及によって、共産党が情報を統制できなくなっていると言われています。というのも、誰か一人がある情報をつかんで、それを携帯電話に流せば、その情報はたちまち人びとが知ってしまう可能性がでてきたわけです。

二〇〇四年中国で行われたサッカーのアジアカップ決勝戦のさいの話です。中国人サポーターたちの「反日」的な行動を、当局は厳重に取り締まろうとしたにもかかわらず、結果として彼らを押さえ切れませんでした。

なぜか。それは「スタジアムにいる警官たちのピストルには、今日は実弾を入れないように上から指示がでている」という情報が、携帯電話を通じてサポーターたちに一斉に流れたというのです。今日の警官は怖くないぞ、と彼らは思ったに違いありません。

共産党というのは、国民にたいして情報管理を行っています。しかしこの話は、共産党が情報を管理できなくなりつつあるという端的な例ではないでしょうか。東欧は衛星テレビが一因で崩壊しました。その伝で中国は携帯とITとで崩壊する、しかも極端に進行すれば北京オリンピックまでもたないと、悲観論者は指摘しています。

アメリカと組んで中国と付き合うべし

これから中国と付き合うときには、日本だけで中国と付き合わないことです。全部アメリカと組みながら、あの国と付き合っていけばいい。

中国という国は良心の呵責《かしゃく》なくウソをつく国です。ところが日本はそれに対抗するための言語空間を持っていません。しかし、アメリカと組んでおけば、中国に誤魔化されたときにも、アメリカも一緒に誤魔化されているわけですから、彼らが英語で強気で文句を言ってくれる。

満洲国への誤解からはじまり、間違った方向へと日本人のシナ観が作られていきましたが、その過程でいちばん問題だったことは、アメリカを巻き込まなかったことなんです。アメリカにも儲けさせることを考えるべきでした。どの道、当時の日本は資本が足りなかったんですから。

さらに遡《さかのぼ》れば、日露戦争の直後にアメリカの鉄道王ハリマンが満洲で南満洲の鉄道を日米共同経営したいと言ってきたのに、結局それを反故《ほご》にしてしまったことがありました。井上馨や伊藤博文、渋沢栄一といった維新の苦労人たちはみな承諾したんですが、小村寿太郎が強硬に反対して予備契約を破棄させてしまった。小村は愛国者ですからそれを責める気はありませんが、大学の秀才というのは維新の志士よりはスケールが小さい。

維新の志士は視野が広くて、日本の国力がどれほどのものかよく知っていました。私は井上馨を非常に高く買っているんです。彼は幕末のころイギリスに行き、日本とイギリスの国力の落差の大きさというものをよく知っていた。伊藤も渋沢もそうです。

日露戦争には一応勝ったけれど、あの時点でロシアの大軍は北満洲に駐留しているわけです。そんな危険極まりないところで、日本単独で鉄道経営なんてできない。だからアメリカを巻き込めば安心だと彼らは考えていた。

あのときからアメリカと組んでいれば万全だったわけですが、その後の日本は満洲事変の後でも日本の財閥さえも鉄道経営には関与させないほど偏狭でしたから、いわんやアメリカの資本をやでです。そんな視野の広さはなかった。国内的には、アメリカ抜きでも日本だけで充分にやれると主張するほうが支持されるのです。

アメリカの大資本家を巻き込んでおけば、彼らは一朝事あれば自国の政治家を容易に動かすわけです。

今、日本の言語空間は世界にないのだと悟って、重要なことはみなアメリカと同調してやるしかないでしょう。

ですから、対中国外交に限らず、外交は小泉政権方式、つまり対米協調外交が正しいのです。「追従」と言われてもかまわない。これしかない。対米協調したことで、日本はどれだけ得したかわかりません。

私は「日本＝藤堂高虎論」と言っているんです。日本は藤堂高虎《とうどうたかとら》であるべきだと思う。

彼はもともと豊臣家の家来で徳川家にとっては外様《とざま》大名です。ですが、家康配下で最高の股肱《ここう》の臣になって、本多忠勝や酒井忠次よりも高い石高をもらうまでになりました。関ヶ原の戦の後には、徳川家につくより仕方がないと腹をくくったからです。ソ連解体後のアメリカは、徳川家みたいなものです。アメリカと協調するのが生存と繁栄の王道です。

日本はアメリカにとって譜代大名じゃありませんから、弱い立場なんです。外様なんです。フランスは何だかんだ言って譜代なんです。なぜならフランスが支援してくれなかったら、アメリカは独立を果たせなかったわけですから。そんなことは両国とも知っていま す。

物事が正しいか正しくないかというのは、自分の人生観で変わるものです。ですが国家の場合は違う。国の場合は、日本国にとって何が得になるかということを考えなくてはなりません。ブッシュ政権の悪口なんかいくらでも言えます。しかし、対米協調外交こそ日本の国益のためになるのです。

ここで私は「シナ」という言葉を使いました。「中国」とか「中華」と言えば、それは東《とう》夷《い》・西戎《せいじゅう》・北狄《ほくてき》・南蛮《なんばん》と対《つい》になっている言葉です。この大陸に住む民族たちや文化や歴史や地理に共通する表現はシナ（英語のチャイナ）が最も適当と考えます。ＮＨＫですら「東シナ海」と言っています。「中国」は「中華民国」か「中華人民共和国」の略語として、固有名詞として使うことにしています。日本人が「中国文学史」などと言うのは、シナ文学を知っている人の用語としては国辱と言うべきでしょう。

【第2章】

「信念から始まる朝日新聞」への疑念

上がおかしくなると下までおかしくなる

私が朝日新聞と関わりを持つようになったのは、今から三十年ほどまえのことです。杉村楚人冠《そじんかん》という人の『最近新聞紙学』（中央大学出版部）という本が再刊され、その本の書評を『諸君！』に書いたことがきっかけでした。

楚人冠杉村広太郎（一八七二〜一九四五）は、朝日新聞を代表する人物のひとりです。新聞縮刷版を考案したり社内に調査部を設置したりして、新聞の近代化に大きな役割を果たしました。『アサヒグラフ』を創刊したのも彼です。英語も達者で、日露戦争後にはロンドンにも駐在した。文章も巧く、池島信平（文藝春秋元社長）さんは、その本のなかで「陶淵《とうえん》明《めい》をバター炒めにしたような味わいがある」と彼の文章を評していました。朝日新聞の権威を上げた人物です。

その楚人冠が「新聞かくあるべし」と書いたのが『最近新聞紙学』です。初版は一九一五年（大正四年）ですが、いまでもそのまま通用する名著です。

世の中の職業数々ある中に、誘惑の多いこと新聞記者の如きは蓋《けだ》し鮮《すくな》い。その地位を悪用すれば、どんな罪悪でも人知れず犯すことができる。大記者小記者それぞれの分に応じて、悪いことはできるのである。

記者というのは、非常に誘惑の多い職業である。しかしいくら誘惑されて袖の下をもらっても、彼の上にはデスクや主筆、社主がいる。彼らはベテランだし経験も豊富だから、その記事を見て何か不審な点があれば、事前に差し止めることができる。チェック機能が働いている。だから、記者の買収などはできるものではないし、できたとしても役に立たないと、楚人冠は言うのです。

ところが、上層部が買収などされてしまい、チェック機能が働かなくなった場合はどうなるか。

もし更に一歩を進めて、社主、社長、主筆、編輯長、外勤員の全部を買収したとする。今度は世間が承知しなくなって、いつしかその新聞紙の声価も信用も地におちてしまう。

われわれ一般社会や読者のほうで、「この記事はちょっとおかしいぞ」という判断が働くというわけです。

そのころ、ちょうど「林彪事件《りんぴょうじけん》」がありました。これは、まさに楚人冠の警告に相当するのではないだろうかと思ったのです。

当時、『タイムズ』でも『ニューズウィーク』でも、外国の新聞なら林彪失脚の話はどこにでも報じられていました。しかし、日本の新聞にはいっさい出てこなかったのです。最初に林彪事件を報じたのは『サンデー毎日』でした。ただし、自分たちで取材調査したわけではなく、海外ではこう報じられているという内容でした。

そのころに朝日新聞の秋岡家栄《いえしげ》・北京特派員は、「林彪は生きている」という全くのウソ報道を流したんです。当時は朝日新聞だけが、北京に特派員をおいてもいいという特権を得ていました。だから中国当局におべんちゃらを使って、実証することなく「林彪は生きている」という記事を書いた。

これは、記者個人の問題ではなく、会社ぐるみでチェック機能が働いていないのではないかと私は思ったのです。

それから、当時のソ連にたいする報道姿勢も理解できなかった。ソ連は日本にとっては軍事的にも大きな脅威を与える国でした。しかも報道の自由もない国であるということは誰もが知っているわけです。にもかかわらず、朝日新聞はあの国のことを友好的に扱って褒《ほ》めるのです。

この二つの例は、まさに楚人冠が言うところの、上がおかしくなると、下まですべておかしくなるという典型ではないか。朝日新聞の権威を大いに上げた楚人冠がこう言っているのに、今の朝日の体たらくはなんでしょうか。

朝日新聞のレッテル貼り

そのあとからでしょうか、朝日新聞から「復讐」を受けることになりました。なかでもいちばん手ひどかったのが、大西巨人さんとの「論争問題」です。

事の起こりは、『週刊新潮』に掲載された記事がきっかけでした。作家の大西巨人さんのお子様の何人かがみんな同じ病気に罹《かか》って、現在の金額では年間に、今のお金で何億ものの援助を国から受けている、という内容でした。

その記事にたいして、私は『週刊文春』の連載エッセイで言及して、意見を述べました。いまでも自分の記事を読んでおかしくないと思っていますが、私は「自分の子どもに遺伝的にある病気がずっとでてしまうと解った場合に、自分の意思で子供をつくらない決心をすることは尊いことだ」と言ったんです。これはカトリックの倫理学で習ったものです。

ところが、朝日新聞の社会面のトップに、私と大西巨人さんとが劣悪遺伝の問題で論争しているかのように、五段ぶち抜きで大きく躍ったんです。そして大西さんの言葉で「まるでヒトラー礼賛」と見出しになって出ている。驚きました。ヒトラーはユダヤ人を抹殺しましたが、私は自己意思の尊さを述べただけです。記事の中身を丁寧に読むと、たしかに私の言い分も書いてあります。でも中身まではちゃんと読む人はそんなに多くはないでしょう。見出しだけで、あたかもそうであるかのごとく刷り込まれてしまう傾向が大きい。

なるほど、これは上手い方法だなと思いました。私が朝日を訴えれば、ちゃんとあなたの言い分も書いているじゃないですかと、彼らは言い逃れできるわけですから。

ですが、見出しに躍っているのは「渡部はヒトラーを礼賛している」なんです。そういうレッテル貼りをされてしまった。その当時朝日にそんなことをやられると、反論する術もない。抗議団体も押しかけてきました。それで、『文藝春秋』に反駁《はんばく》を書かしてくれないかと頼んで、論文として掲載させてもらいました。

そのあと圧力は消えた。圧力は消えましたが、朝日新聞は読むが『文藝春秋』は読まない人は多いらしくて、今に至るも私は「ヒトラー的」だと批判されています。私は常に国家社会主義を批判してきているにもかかわらず、です。

二〇〇三年、私は朝日新聞の社内講演会に招かれました。そこで嬉しかったのは、ある記者がこの大西巨人事件をチェックしてみたところ、朝日が取り上げる前に大西さんが私のエッセイに反論したという記録はないというのです。これは朝日新聞が私を叩くためにでっち上げたのだという趣旨のことを言ってくれた。社内ではそう調査して名誉回復してくれたものの、あの記事を目にした読者はいまだにそんなことは知らないわけです。

疑念で始まり、信念で終わる

嘘でも嘘でないことにしてしまいたいのは、普通の人情であるが、それをまず、そんなことはよもやあるまいと疑ってかかる。この疑ってかかることは、記者にとって極めて大切なことで、かく初めは疑念から出立すればこそ、何事にも無暗に珍しがって、噂を売り歩く者の乗ずるところともならず、冷静に前後の事情を考えて、その虚か実かを判断した上、疑わしい点をつきとめる気も起る。かくして集め上げられた材料は、ちゃんと纏まったものになって、これでまず間違いはないと、集めた人の信念が、これに伴っている。材料の蒐集はどうしても疑念から始まって、信念で結ぶようでなければならぬ。

面白い話などを聞いても、その事実になにか問題ないかとチェックしてから記事にする。調べた結果、問題なしと判断したら、信念で記事を書くものだと。ところが、おかしい記事は「信念で始まり、疑念で終わる」というんですね。

こういった体質が、いまでもずっと朝日新聞のなかに根付いているのではないか。今回のNHKの問題(二〇〇一年に放送された「戦争をどう裁くか」の番組改変問題。自民党の安晋三氏などが改変に介入したとの虚報)についても、「いったい事実はどうだったのか」という詰めが甘くて、「(政治家からの)圧力を感じた」と言った言わないの水掛け論になってしまっている。楚人冠の教えに背いているんです。

思い込みや疑念で始まって、最後になると確固たる証拠を出さずに尻つぼみで終わっている。NHKとの問題も思い込みが勝っている。楚人冠言うところの、疑念で終わっているのです。記事をきちんとチェックしない上層部もおかしい。

まず誤報かどうか突き詰めて、もし悪質な操作が加えられているならば、その記者を辞めさせるべきです。そして、ＮＨＫも伝聞情報で記者会見をした長井某プロデューサーを辞めさせるべきでしょう。

アメリカＣＢＳのニュースキャスター、ダン・ラザー氏が、ブッシュ大統領の軍歴詐称疑惑報道の問題により降板することになった件がありました。彼だけでなく、関係したプロデューサーたちも馘首《かくしゅ》になりました。報道の自由というのはそれだけの責任があるのです。楚人冠の教えこそ、いま朝日新聞に拳拳服膺《けんけんふくよう》してもらいたいと思います。

「日本悪しかれ」史観に貫かれている

朝日新聞というところは、いまでも体質的には共産主義か「日本を滅ぼしたい主義」に貫かれていると私は確信しています。あの新聞には、日本に不利なことならウソでも書くという姿勢が脈々として受け継がれている。ＮＨＫもつい最近までそうでした。

「日本悪しし」という歴史観というのは、戦前の共産党のものです。彼らは「皇室を滅ぼせ」という、コミンテルンの指令を受けている団体であったのだから、警察の取締りはきびしかった。日本政府としては、天皇や皇室をまるでロシア帝室のように、弑虐《しいぎゃく》させるように扇動する少数の過激派を許すわけにはいかない。だから治安維持法を制定したわけです。

念のために言えば、治安維持法によって死刑になった人はいません。警察の中では死んだ人は何人かいますけれど。一方、共産党員によって死傷した警官は数十名になります。

戦前の治安維持法によって共産党は弾圧されました。弾圧しなければ、それは政府の怠慢です。当時の秩序を破壊し、皇室までを抹殺せよと言っている連中が共産党なのですから。

ところが終戦後、占領軍の方針もあるんですが、左翼史観が左翼シンパの占領軍民政局の支持と、それによる大規模な公職追放令を背景にして、日本のジャーナリズム界やアカデミズムの現場に浸透していってしまったのです。共産党は、戦前はその党勢がいちばん盛んだったときでも、党員は六百人は越えていません。そのたった六百人とそのシンパたちの「日本悪しかれ史観」が、この国を支配してしまった。

その左翼史観が永らえた理由は、もちろん東京裁判もありますが、占領から七年間のうちに公職追放がなされた結果、マスコミ界や大学に、左翼史観を持った連中がどっと入ってきてしまったからです。ほんとうは左翼ではないのに、言論では左翼になった人たちもいました。

清水幾太郎先生が晩年『諸君!』に告白していましたが、昭和二十年代という時代は物書きにとっては怖い時代だったという。いつ革命が起こるか解らないという恐怖があったというのです。

たしかにヨーロッパでも共産主義革命が次々と起こっていたし、日本だって「敗《ま》けっこない」と思っていたら敗けてしまったという大状況があった。これではいつ日本に共産革命が起こってもおかしくない。物を書く人間にとって、書いたものはみな証拠になりますから、革命時に粛清の対象にならないようにというわけで、共産党史観、特にコミンテルンの三十二年テーゼに副《そ》うような姿勢で、ものを書いたといいます。

人間はいったんそういう方向で一度ものを書いてしまうと、そういう見方に拘束されてしまうものです。そういう輩が大学の教授や大新聞の幹部になりました。民間の会社と違って、ジャーナリズム界やアカデミズムの世界はなかなか潰れませんから、そういう物書きの態度・姿勢・史観といったものがずっと温存されてきたのです。その著しいのが朝日新聞だった。戦前の日本にたいする暗黒史観、要するに戦前の共産党史観が残っているのです。

親疎の別を立てるべからず

新聞記者が材料を集め、又は紙面を整うる時に、利害の打算をしたり、親疎の別を立つることは、最も戒むべき点である。故意に不実の事を捏造するのも、罪悪であるが、公にすべき事実を差し押さえて公にせぬのも罪悪たることは、相同じい。

（中略）採って材料とすべきか否かは、新聞紙の立場からみて、材料とするに足るや否やの点から決すべきものであって、これに対する自己の利害、又はその事件中の人物と自己との親疎の関係などによって、決すべきものでない。


例のＮＨＫ記事を書いた記者にとっては、自分に親しいのは共産主義的思想であり、反日的思想なのでしょう。ですから親しくない対象には、怪しげな根拠をあげて追究していく。そんな図式が見えてきますね。

戦後という時代では、左翼的路線で商売していったほうが、新聞が売れるという事情があったのでしょう。東京裁判史観に染まった国では、そういう路線がいちばんオーソドックスな道だったし無難だったとも言えます。ですがそれがいったん身についてしまうと、「日本を叩く」というもっとも悪質な方向に進んでしまう。日本を貶《おとし》めるというスタイルが定着してしまったのです。それがインテリであり、国際的であると彼らは考えた。

左翼、共産主義贔屓《びいき》というのは、ひとたび支持したらやめられないらしく、二〇〇三年の元日、朝日新聞に、「拉致は良くないけれど、『千と千尋』の精神で北朝鮮に対応しましょう」という、何とも不可思議な社説が載りました。

そこには「かつて戦前の日本は一神教であった」とか、拉致は悪いけれど、戦時中日本も強制連行をやったなどと、新聞記者としては、知らないで書いているのなら無学の誹《そし》りを免れないし、知っていて書いているのなら極めて悪質としか言えないことが社説として載っているのです。

日本が戦前一神教だったというのは、要するに天皇を崇《あが》め奉《たてまつ》った時代があったというような意味のようですが、一般的には一神教というのは、キリスト教・イスラム教・ユダヤ教のことです。しかし、たとえば二十世紀初頭のフランスでは、政教分離が厳しくて、カトリックの神父・修道士・修道女は教育機関にはいっさい足を踏み入れることを禁じられていました。そのころ日本では、靖國神社のあたりには白百合学園とか暁星学園とか、みなカトリックの修道会系の学校が建てられていました。

もし日本が一神教なら、そんなことを許すでしょうか？　さらにその社説では、多神教の国に立ち戻って、北朝鮮の悪いことを許しましょうと言うのです。

ついでに言っておくと、強制連行という言葉は存在しませんでした。「徴用」という言葉はありました。「徴用」は「徴兵」とは違います。私はその意味の違いを体験的に知っています。

朝鮮人も、戦争も終わりに近い頃に徴用で日本に来た人もいるけれども、それは占領軍も知っていましたから、戦後優先的に帰国させられた。ですから帰らなかった人たちは本人の意思で日本に残ったのです。なぜ帰らなかったか。それは闇市商売のうまみを覚えたからでしょう。彼らは自由意志で日本に残り、警察にもそれほど厳しく取り締まられず、しかも税金もろくに納めなかった。それを、今になって強制連行されたと言うのは見当違いというものです。

それらのことをチェックできないようなデスクや編集長、社主であれば、楚人冠の物差しで言うなら、その組織の上から下までどうかしていると言わざるをえない。社外の人が、「この新聞、ちょっとおかしいぞ」と感じる状況を現しているのではないでしょうか。

今回のＮＨＫ vs 朝日の件で、そう感じる方々が世間に多くいるようになったとすれば、これは国民としては望外の喜びではないでしょうか。

【第3章】

韓国大統領はゆすり、たかり、恩知らず

「皇帝」と「王」との違い

韓国人には個人的に知り合いも多く、概して好きな民族です。しかしあの国全体を見渡したときに、これほど歴史から学ばない国民も他にないのではないかと思うときがあります。彼らの歴史がそのすべてを物語っている。

李氏《りし》朝鮮（李朝）は建国以来、シナの冊封《さくほう》を受けて臣下となりました。李朝を興《おこ》した李成桂（太祖）は明《みん》の軍人で、手柄を立てて、明から朝鮮をもらい、朝鮮王になりました。朝鮮という国号も明からもらったものです。彼は、明の官服、年号を使うなど親明路線を取りましたが、要するに朝鮮はシナの一部だったと考えていいでしょう。

いっぽうで日本は聖徳太子以来、シナとずっと対等に付き合っていました。使節を送ってはいても、政治的支配を受けることはありませんでした。

中華思想からすれば、朝鮮半島までが小中華で、海を越えればそこは東夷《とうい》の世界だと、韓国人は認識していました。東夷というのは、東夷・北狄《ほくてき》・西戎《せいじゅう》・南蛮《なんばん》のひとつで、中華思想における異民族の蔑称です。日本はその東夷だと彼らは考えていました。

明治維新後、日本は朝鮮と国交回復をしようとしましたが、朝鮮は最初その国書を受け取ることを拒否しました。理由は、日本の国書のなかに、「皇（皇上）」とか「勅（奉勅）」「朝廷」という言葉が使われているからだというのです。

「皇」はシナの皇帝のみに許される称号であり、「勅」はその皇帝が発する詔勅を意味しました。それらの文字はシナの皇帝しか使ってはいけない文字なのに、小中華であり、日本より優位な立場であるはずの李朝にたいして、東夷である日本が堂々と自分の国に「皇」の文字など使って交渉を求めてきている。それは彼らには無礼であり傲慢と映ったのです。

李朝には「王」はいましたが、「皇帝」はいませんでした。韓国に皇帝がいた期間は、日清・日露戦争のわずか十年ほどのあいだしかありません。

皇帝と王では、天地ほどの差があるんです。皇帝は秦《しん》の始皇帝をもってその濫觴《らんしょう》としますが、「帝」という漢字は「いとへん」をつければ紐などを「締《し》める」、「あしへん」をつければ指をあつめた「蹄《ひずめ》」となり、「束ねる」といった意味があります。それまでたくさんいた「王」を束ねたのが「帝」なのです。箔《はく》をつけるために、王の上に輝きを表す「白」を置いて「皇」とし、「皇帝」と称しました。

皇帝にとって王という存在は、束ねる対象です。王子でも家来でも、誰でも王にしてしまいます。百済《くだら》王だろうが新羅《しらぎ》王だろうが琉球王だろうが、帝に束ねられるのが王なのです。

ところが、日本はもともとシナの政治的支配下にありませんでしたから、最初から「皇」とか「天皇」と称しているのです。ところが韓国はシナから常に王という地位しか与えられていません。

彼らは日本が称している「帝」「天皇」が悔しくて仕方ないのです。大昔自分たちのところから仏教や儒教が日本に伝来したという文化的に優位にあるにもかかわらず、豊臣秀吉には攻められるし（文禄の役、慶長の役）、明治以後は併合されるしで、まるで太陽が天にふたつあるがごとく不愉快なことなのです。

彼ら韓国人にはそのことが理解できないし、理解できた人間は悔しいと思うし、心理的に捩《ねじ》れている。インテリ層ほど、その心理的葛藤は大きかったと思います。そのことが腹立たしいし、何とか日本を侮蔑してやろうというのが、彼ら韓国人の歴史意識の基本にある。

李朝以来、韓国では日本の天皇のことを「日王《にちおう》」と伝統的に呼んできました。北朝鮮と関係があると言われていたオウム真理教の麻原彰晃（＝故人）は天皇のことを日王という言葉を用いていましたし、韓国のマスコミもいまだに日王と言いたがります。日王というのは、われわれ日本人にとってはまったく馴染みのない言葉です。日本には帝しかいないのです。王は帝の下に位する存在です。日本で王と呼んでいいのは、親王や他の皇族男子、将軍・公家レベルでしょう。盧武鉉《ノムヒョン》は、日本の言い方に則って「天皇」と呼んでもいいと言っていますが、その舌の根も乾かずに日王と言ったりしている。

傷つきやすいエゴを持っている国

明治政府も最初は、国書受け取りがなぜ拒否されたのか理解できずに、一方的に拒みつづける韓国にたいして腹を立てていました。やがて事情が分かって解決を図りましたが、その後も韓国側はあれこれと難癖をつけました。

そういう韓国側の頑迷な態度が、明治政府のなかで征韓論への流れをつくったのです。西郷隆盛は征韓論を強く主張したと言われますが、元来自重していました。直ちに韓国を攻めるのはよろしくない。まず私が丸腰で出かける。おそらくは殺されるであろう、そうしたら出兵せよ、と彼は言ったのです。これが彼の征韓論でした。道義的にも高い議論だと思います。

ところが、二〇〇四年十二月に行われた日韓首脳会談において、開催地を鹿児島にすると言ったら、盧武鉉韓国大統領（当時）は、そこは征韓論を唱えた西郷隆盛の生まれたところだと難癖をつけた。

そんなことに、いちいちピリピリ神経を尖らせるほど、彼らの日本に対する劣等感というのは強いのです。そういう神経を尖らせる国のことを「プライドが高い国」と表現する人が多いですが、私から言わせれば、それはプライドがないからピリピリするのであって、要するに「傷つきやすいエゴを持っている国」と表現したい。

例えばイギリス人というのは悪口を言われても、あまり怒らない国です。というのは、イギリスを莫迦《ばか》にする国が莫迦だという意識が彼らにあるからです。ところがかつて植民地だった国、プライドを持とうに持てない国、なおかつインテリ階級がある国というのは、エゴが傷つきやすいのです。だから何かにつけて鶏冠《とさか》を立てる。それを「プライドがある国」だと言うのは間違いです。

いっぽうで韓国人は、シナにたいしては卑屈なのです。近い例で言えば、朝鮮戦争当時、毛沢東が大軍を朝鮮半島に送りこんできて、そこを戦場にした。完全な侵略戦争だったゆえに中国は一言謝罪あってしかるべきところを、韓国は謝罪要求しなかった。国全土を破壊し尽くされ、莫大な人的物的被害を蒙《こうむ》ったにもかかわらずです。その元凶の多くは百万人とも呼ばれる中共軍の存在にありました。彼らは破壊以外の何物にも貢献しなかった。それにたいして謝罪は求めなかったのです。

それとは対照的に日本は、鉄道・水道・学校・病院その他の社会インフラのほとんどを、全部日本の投資で整備した。日本が統治した三十余年間は、農業生産も倍くらいになったと言われています。

日清戦争の対立点

明治初期、日本は世界にたいする正確な認識を持っていました。その結果、日本とアジアにとってもっとも恐れるべきは、白人による植民地化であると考えていたのです。わけてもロシアを恐れていました。ロシアには、イギリスやアメリカにない領土的野心があったからです。

この野心をどうやって食い止めるか。その結論として、シナと朝鮮に早く近代化してもらい、日本と一緒になってロシアを押さえてもらうという、地政学的にもまっとうな発想に至りました。朝鮮に近代化してもらい清国から独立して欲しいというのが、明治政府の方針だったのです。福沢諭吉も、金玉均《キムオッキュン》に代表される朝鮮独立党などを物的にも精神的にも援助しました。それが朝鮮のためでもあるし、日本のためでもあったと明治政府は分かっていたのです。

ところが韓国は、そういう日本の本心、ひいては世界の情勢を読めなかった。とにかく日本を侮蔑したかったのです。壬午《じんご》軍乱（一八八二年）でも甲申《こうしん》政変（一八八四年）でも、日本の公使館は襲われ、日本人も多く殺されました。韓国内部でのゴタゴタが、シナの政府に宗主国だと威張って出てくるきっかけを与えてしまいました。ソウルへの清国軍駐留まで許してしまったのです。その状況を見ていた陸奥《むつ》宗光は、一度清国を徹底的に朝鮮から追っ払わないと朝鮮の近代化はならないと判断し、そうこうするうちに日清戦争に突入したわけです。

ここで大事なのは、日本の宣戦布告の文章です。そこには「朝鮮ハ……列国ノ伍伴ニ就カシメタル独立ノ一国タリ」とあります。これにたいする清の宣戦詔勅には「朝鮮ハ我大清ノ藩屏《はんぺい》タルコト二百余年、歳ニ職貢ヲ修メルハ中外共ニ知ル所タリ」とあり、これらの宣戦布告文が日清戦争の対立点を明確に物語っているのです。つまり、日本は韓国の清国からの独立を主張し、清国は韓国を自分たちの属国だと主張している。

日本は戦争に勝ち、韓国は清国から独立しました。はじめて「韓国皇帝」と名乗ることができたのです。講和条約（下関条約）を締結し、日本は清国から遼東半島の割譲などを受けました。ですが、ロシアが不凍港が欲しいことを知っていた李鴻章は、「夷を以って夷を制す」策を弄し、ロシア・ドイツ・フランスに干渉させました（三国干渉）。

日本は憤然としましたが、何しろ明治二十八（一八九五）年の日本の国力はとても三国を相手にできるものではありませんでした。だから遼東半島の領有を放棄することにしたのです。

それを見た韓国は、「日本は清国には勝ったけれど、白人の国にはペコペコする」と思った。日本の外圧を除くためには、白人、要するにロシアの保護の下にあるほうがいいと考えたのです。ロシアはすでに満洲を手中にしている。遼東半島も日本から返還させて自分のものにした。旅順を軍港にしている。北朝鮮の龍岩浦を占領して、ポートニコラスという要塞にしていた。北朝鮮の森林伐採権、鉱山発掘権を得ている。

日本はロシアに何度も抗議をしますが、聞く耳を持ちません。そのうち、壱岐・対馬の対岸の鎮海湾を軍港にしたいという要求をロシアは持ち出してきた。これにはさすがに朝鮮も抗議しましたが、ロシアは必ず鎮海湾へ軍港をつくるだろう、そうすると壱岐・対馬ばかりでなく、長崎も寄こせと要求されるかもしれぬ、というのが小村寿太郎の読みでした。ロシアと戦争をするなら、シベリア鉄道が開通する前にやるべきだと。それで日露戦争になった。

「併合」は「植民地化」ではない

日露戦争に日本は勝ちました。そして韓国を外交権のない保護国にしました。言うならばフランスとモナコのような関係にしようとしたのです。ところが、韓国の高宗はオランダのハーグに密使を送り、列強各国に日本の保護化政策の無効化を訴えたりしました(ハーグ密使事件)。

一九〇六年、日本は韓国統監府を置いて、伊藤博文を初代統監としました。もともと伊藤は、併合反対派でした。植民地化政策の専門家でもあった新渡戸稲造が伊藤に韓国の植民地化政策を提案しますが、「その気はない」といって、これを退けたくらいです。その穏健派であった伊藤が韓国に見切りをつけて、日本国内の強硬派が合併を推し進めた。

併合というのは、植民地化と同義と言われますが、当時の英語の文献を見ると「annexation」とつづられています。「colonialization」とは書いていないのです。annexation というのは、例えばイギリスの文献では、イングランドとスコットランドの土地問題にたいして使っているのです。ですからイギリスの目から見ても、韓国は日本の植民地ではなかったのです。

そしてハルピンで伊藤は安重根《アンジュングン》に殺されてしまう。韓国人は安重根を讃《たた》えるけれども、日本のいちばん偉い人物を殺したらどうなるかを考えてほしい。ちょうど日本がアメリカと戦って敗れたときに、占領軍の長であるマッカーサーを殺したのと同じことなのです。

朝鮮の統治にあたっては、日本は最初から白人の真似はしませんでした。統治の内実は西欧のそれとは違っていた。

韓国に投資して、この国を日本と同じ水準まで上げようとした。イギリス人が、占領したインドやビルマを、自分たちと同じ水準まで上げようとしたでしょうか。日本は、大真面目にそれをやろうとしたのです。そして膨大なカネを使って社会インフラを整備したのです。

ハングル文字を朝鮮全土に普及させたのは日本人です。当時ハングルは誰も使っていないような状態でした。韓国政府の公文書には漢文が用いられており、一握りの人間が漢文を使える程度だった。日本の万葉集・源氏物語に相当するようなハングルでの文学もありません。実用的ではなかったのです。

それを日本が学校を作ったとき、朝鮮にも日本の「かな文字」のようなものがありますと進言した者がいた。そこでハングルを全国的に義務教育で用いることにした。そうして初等教科書にハングルが採用され、朝鮮史上はじめて全土に普及していったのです。

韓国を日本並みにしようとした

あらゆる面で、韓国は日本の植民地ではありません。韓国を日本並みにしたのです。なぜ日本はそうまでしたのか。お人よしとしか言い様がありません。白人ならそこまでする必要はなかったと言うでしょう。

併合後も、李王家にたいしては、王は永久にこれを認める、王の名をずっと使ってもいい、その子どもは「王太子」を名乗ることを許可する。それから、約八十ある両班《やんぱん》の家を日本の華族にするといったようなことをやっています。朝鮮の元王太子で、李垠《りぎん》殿下という方がおられましたが、陸軍中将という肩書きがあり、梨本宮の第一王女方子《まさこ》さまを妻としました。イギリスがビルマを植民地化したとき、国王をセイロンに流し、王子を殺して王女をインドの兵隊にくれてやった。王朝を断絶に追い込んだのとは対照的です。

また、大阪帝国大学をつくるまえに、日本で六番目の帝国大学として京城帝国大学を創立しています。京城大学には若手の優秀な人材を送っていた。英文学者の中島文雄（後に東大文学部長・津田塾大学学長）や国文学者の麻生磯次《あそういそじ》（後に学習院院長）などです。

日本人は、朝鮮人であっても才能があれば差別なく扱い引き立てました。例えば、朴正熙《パクチョンヒ》大統領は、その出自からそのままであれば貧乏人で人生を終わっていたところを、日本人学校でその才能を認められ、遂には満洲軍官学校に入り、更に日本の陸軍士官学校を出て将校に任官しています。

統治にたいしてはじめのうちは多少の反乱もありましたが、満洲事変以後はほとんどゼロと言ってもいいくらいになりました。なぜかと言うと、何千年もの間中国に頭を押さえつけられていたのが、満洲事変後、満洲に行って中国人に会ったときに、日本人名を使うと威張れるからなのです。

それが創始改名のもとです。創始改名は朝鮮人から要求されて、許可したものです。朝鮮人は喜んで日本名を名乗りたがった。

先の戦争では日本の兵隊になりたい韓国人が多かったのも事実です。昭和十三年に定員四百人募集したところへ二千九百四十六人の応募、また昭和十六年には三千人募集したところ十四万四千七百人の応募、昭和十八年シンガポールが陥落したころの募集では、定員三千人のところへ何と二十万一千九百八十五人の応募、じつに六十八倍の倍率です。それが全部志願兵です。

それなのに、戦争が終わってから、わが韓国は戦勝国なりと言っているのは、いったいどういう神経なのでしょうか。

日韓基本条約を結ぶとき、外務省が試算したところ、日本が韓国に残した資産が賠償要求額を上回っていました。韓国人は「日帝三十六年の支配」と、事あるごとにお題目のように唱えますが、それならこちらもこう言いたい。「日帝三十六年、寄付のし通し」と。

知識は力なり

個人的関係は別として、彼らは日本のことを考えると、瞬間的に一種の痴呆症に陥ってしまうと私は思っています。

それに対抗するにはどうしたらいいか。やはり知識を持つこと、歴史をきちんと勉強することでしかないと思います。

以前ドイツへ留学したとき、あちこちで日本の悪口を言いふらす韓国の若い神父がいました。「日本は真似の国だ」と。彼は李承晩《イスンマン》政権の下で、反日教育を受けていたのです。たまりかねてある時ドイツ人も大勢いた場所で私は、彼にこう言ったのです。

「十九世紀後半に、西洋の自然科学及び近代工業を模倣し、これを学習できるということを洞察し実行しそして成功した有色人種は日本国民だけだ。これは日本人のオリジナリティである。その日本の成功を見て、あなたの国は同じことをやろうとしている。あなたの国は真似の真似をしているから、本当の真似ではないか」と言ったのです。それを聞いた彼は黙ってしまって、以来私のいるところでは日本の悪口を言えなくなってしまった。

また二十年ほど前、北朝鮮関連のことでずいぶん脅かされたことがありました。私のところに押しかけてきて、「おれたちは強制連行されたんだ！」と大声で言うので、こう言ってやりました。「ところで、あなたは昭和何年に日本に来たのですか」と。そうしたら、それきり黙ってしまった。彼らは相手に知識がある、よく知っていると解ると糾弾しないのです。まさにKnowledge is power.（知識は力なり）です。フランシス・ベーコンはいいことを言いました。

韓国の大統領は、来日するたびにもう過去のことは問わないと言うが、大統領が交替すれば懲りずに謝罪要求をします。平成十七年三月一日の盧武鉉の演説もその類です。なぜ要求を繰り返すのかというと、内外に「効き目」があるからなのでしょうが、いったい恥ずかしくないのかと言いたい。

一九八四（昭和五十九）年、昭和天皇は全斗煥《チョンドファン》大統領が来日したときの宮中晩餐会において、「二十世紀初頭に両国には不幸な関係があった。このような不幸な関係が繰り返されてはならない」という旨のお言葉を述べられた。日韓併合は日本にとっても不幸なことだったのです。

なのに昭和天皇亡き後も、政治家たちは無知無節操になって、ひたすら謝り続けています。そんな態度をとりつづけるのは、知識がないか、袖の下をもらっているか、それとも何か弱みを握られているかのいずれかではないかと勘繰ってしまいます。

二〇〇五年は日韓基本条約締結から四十年です。締結までには十七年もかかりました。アメリカにもせっつかれてようやく結ばれたのです。立派な条約で、そのなかでは過去のことは繰り返さないと言っているのに、韓国側が一方的に賠償や謝罪について繰り返し言及するのは、条約違反ですよとはっきり言わなければいけない。なのに、政治家も外務省も物分りがいいというか、腰砕けになってしまっている。

この流れを作ってしまったのは、河野洋平氏と宮澤喜一氏に原因があると思います。河野氏は「従軍」慰安婦問題、宮澤氏は教科書問題で、中国や韓国に謝罪してしまった。この問題は汚職よりも千倍もタチが悪い。私は汚職を決していいことだとは言いませんが、所詮日本国内問題です。

しかし、従軍慰安婦にしろ教科書問題にしろ、これらの問題は世界の恥さらしであり、国の根幹に関わることなのです。あたかも日本の歴史教科書の検定権をソウルと北京に移したようなことをしても首相になれるし、ありもしなかった従軍慰安婦問題で謝罪しても衆議院議長になれてしまう。そういういまの日本の政界というのが、私にはとても不思議に映ります。橋本龍太郎氏が失脚したのは、以前報道されたシナ人女性スパイの問題ではなく、日歯連（日本歯科医師連盟）経理不正事件が原因でしょう。問題の重さや影響力の大きさを、どこか履き違えていると思います。

日本の政治家、外務官僚には、まずもって歴史の知識をきちんと身につけて、ゆすりの習慣を持つ隣国にたいしては、毅然として対処していってもらいたいと思っています。

【第4章】

恩を仇で返す韓国にはウンザリ

韓国の生意気な発言

ドイツのメルケル首相が二〇一五年三月九日に来日し、記者からの「戦後、ドイツは周辺国とどう和解したのか」との質問に答えてこう述べました。

〈当時の大きなプロセスの一つとして、独仏の和解があります。和解は、いまでは独仏の友情に発展しています。そのためには、ドイツ人と同様にフランス人も貢献しました。かつては、独仏は不倶戴天《ふぐたいてん》の敵といわれました。恐ろしい言葉です。世代を超えて受け継がれる敵対関係ということです。

幸いなことに、そこを乗り越えてお互いに一歩、歩み寄ろうとする偉大な政治家たちがいたのです。しかし、それは双方にとって決して当たり前のことではなかった。隣国フランスの寛容な振る舞いがなかったら、可能ではなかったでしょう。そして、ドイツにもありのままを見ようという用意があったのです〉

これに対し、韓国外務省の魯光鎰報道官が「日本は歴史を正視する勇気を持ち、周辺国の信頼を得るべきだ」「最初に歴史を反省する姿勢があって、初めて寛容性を発揮できる」と述べ、あたかも「韓国の不寛容は日本に責任がある」かの姿勢を見せました。しかし、これは端的に言えば実に「生意気」な発言です。

ドイツとフランス、そしてイタリアはナポレオン戦争以来、領土の奪い合いをしてきた間柄です。平等に、全力で戦ったからこそ、戦争終結後に手を打つことができたのです。

それを示すようなフランス側の発言もありました。フランスのファビウス外相が三月十四日、先の韓国外務省当局者の発言に対して、「フランスとドイツの関係とアジアでは、取り巻く状況も地理的条件も異なることを忘れてはいけない」「フランスとドイツは互いを侵略したが、第二次世界大戦終結を機に和解した。いまでは世界で最も仲の良い国だ」と強調したと言います。

大戦中はお互いに全力を出し切って戦ったため、戦後にドイツがフランスに対してテロを起こすようなことはしない。それは同じ土俵で戦ったからこそなのです。

一方、韓国は日本とは戦っていない。同じ土俵に上がることさえなく、むしろ庇護される立場にありました。そのことが鬱屈として溜まっているが、かと言って日本を相手に戦争を起こすこともできない。だからその鬱屈を、大使館に対する投石やテロによって晴らそうとするのです。

先に起きた駐韓米国大使襲撃事件も同様です。犯人は北朝鮮シンパだそうですが、北朝鮮がいかにアメリカに敵対心を持っていたとしても、戦争を仕掛けることはできない。だからテロに走る。恨みの憂さ晴らしを、こういう儚《はかな》い形で晴らそうとする悲しい国なのです。

不都合な歴史の真実

韓国では、テロリストの安重根が「国家の英雄」になってしまうのも同じ理由です。韓国で現在では「悪」とされている韓国併合に反対したから英雄だ、というのですが、テロの標的とされた伊藤博文は併合に反対していました。明治天皇も気が進まなかったそうですが、そもそも日本は神話によればイザナミとイザナギが作った国土で十分であり、領土的野心など抱いてはいませんでした。

結果的には当時の国際情勢上、必要に迫られて併合しましたが、日本は韓国をできるだけ平等に扱いました。朝鮮王朝の王が末代まで王家を名乗ることや、日本の皇室で言えば皇太子に当たる世子の地位も継続して認めました。さらには、両班《ヤンバン》で功績のあった人のうち六人を侯爵、七人を伯爵、二十二人を子爵、四十五人を男爵にしたのです。

さらに重要なのは、皇族である梨本宮《なしもとのみや》家から方子《まさこ》女王が朝鮮王朝世子である李垠に嫁いだという事実です。婚礼の際には十二単だけでなく朝鮮服も用意されるなど、朝鮮王朝を皇室と同格と見做す扱いをしたのです。

結婚というのは現代でも家柄が取り沙汰されるように、同等、平等という意識がなければ成り立ちません。大名は大名同士で婚姻を結ぶもので、家臣から正室を迎えることはあり得なかったのです。

植民地時代の欧米では、その区別はより厳密でした。アメリカがハワイを併合した際には、婚姻どころかハワイ女王は幽閉され、王朝は跡形もなく滅亡しました。

イギリスはビルマ王朝の男子は流刑や処刑とし、女性たちはインド兵に与えました。当然のことながら、ヴィクトリア女王が植民地の酋長に自分の娘を嫁がせたことなど一度もありません。イギリス王室で、周辺国の王家の出ではない女性を妃として迎えたのは、ダイアナ妃が史上初だったのです。

シナの王朝に対しても、朝鮮が妓生という貢物として女性を大勢送ってはいましたが、シナ王朝から朝鮮に嫁が来たという話は聞いたことがありません。シナは朝鮮を同等に見たことは一度もないのです。

ところが、日本は違いました。皇室としては葛藤《かっとう》もあったのではないかと思いますが、これが日韓のためになると考えられたうえでの立派なお志だったのです。

欧米とは違って日本が朝鮮をどのように扱ったか、非常によく分かる歴史的事実でありながら、なぜかほとんど語られてきませんでした。もちろん、韓国でもいまはほとんど知られていないでしょう。日本を悪者にしておきたい勢力にとっては「不都合な歴史的事実」なのです。

北岡伸一氏の歴史観

日本を悪者にしておきたいのは一体誰か。言うまでもなく、アメリカ、中国、韓国と、それに呼応する日本国内の反日勢力、自虐史観勢力です。

二〇一五年の夏にも安倍総理による「戦後七十年談話」が発表されるのを前に、あの悪名高き村山談話の文言《もんごん》を踏襲するか否か、話題になっています。

村山首相は社会党の党首でした。社会党は日本独立に反対し、サンフランシスコ講和条約に反対した党です。当時、社会党に属していた人たち、あるいは支援者たちは、占領下のほうが有利だと考えていました。その最大勢力の一つが在日朝鮮人で、彼らが警察権の及ばない闇で稼いだ資金を重要な金脈としていたのが社会党だったのです。

日本が「植民地支配と侵略」を行った国であり続けること、つまり東京裁判史観を持続させることが彼らの利益に繋がっていたのです。そのような背景から出された談話を、有り難く踏襲する必要は全くない。

そもそも十年ごとに談話を出さなければならない理由が分かりませんが、談話発表を前に有識者懇談会が開かれているという。その第二回会合で、座長代理の北岡伸一氏が「先の大戦での日本の行為は歴史学的に侵略だ」と述べ、談話の文言に「侵略であった」と入れたい旨を表明しています。

さらには別のシンポジウムの場でも、「日本全体としては侵略して、悪い戦争をして、たくさんの中国人を殺して、まことに申し訳ないということは、日本の歴史研究者に聞けば九九％、そう言うと思う」「日本は侵略戦争をした。とても酷いことをした。明らかです」と述べています。

しかし、北岡氏のこの主張は「不勉強」と断じるほかない。北岡氏の歴史観は「日本は軍国主義で侵略戦争を行い、残虐行為に及んだ」というものですが、これは「東京裁判史観」そのものです。

日本が侵略戦争を行った、と国際的に定義したのは東京裁判以外にありません。連合国がニュルンベルク裁判に相当する裁きを日本に与えたいとして、連合国軍最高司令官であるマッカーサー元帥に全権委任し、国際法によらないマッカーサー条例で日本を裁いたのが東京裁判です。

しかし、この東京裁判には当時の国際社会や、各国から召集された判事らからも国際法上の疑問が指摘されていました。

それはアメリカも例外ではなかった。当時、「日本人は悪魔同然だ」というプロパガンダを真に受けていたアメリカ人弁護士たちが日本人の弁護の任命を次々と拒否したため、最終的に嫌々ながら引き受けた人たちが弁護に当たりました。ところが調べてみると、「これでは日本を裁けないのではないか」「日本は悪くない」という声が盛り上がってきたのです。

日本側の弁護人を務めた清瀬一郎弁護士がウェッブ裁判長に、「この裁判の管轄権はどこにあるのか」と問い詰めたところ、「あとで答える」と言ってお茶を濁した。それをさらに追及してクビになったのも、アメリカの弁護士でした。

人道問題に関して、「ならば原爆を作り、運ばせ、投下することを命じたものを裁かないのか」と申し立てたのも、アメリカのブレイクニー弁護士でした。

これに限らず、多数の問題点が指摘されながら、裁判としての格好をつけるため、弁護人や各判事の異論を押し切って七人の死刑囚を出したのは、ひとえにマッカーサーの意思そのものだったのです。

マッカーサーこそ歴史修正

その後もマッカーサーは日本に留まり、間もなく朝鮮戦争が勃発。日本の景気が回復して「神風が吹いた」と言われましたが、実は本当の神風は全く別のところで吹いていたのです。

朝鮮戦争中、トルーマン大統領にマッカーサーは「東京裁判などやるべきではなかった」と述べたことが証拠として残っています。そして「朝鮮戦争を終わらせるためには原爆を使うよりほかない」とマッカーサーが述べたことに対し、トルーマンは激怒して彼を更迭《こうてつ》しました。

その後、マッカーサーは米国上院軍事外交合同委員会で証言を求められ、次のように述べています。

〈Their 〔Japanese people's〕 purpose, therefore, in going to war was largely dictated by security.〈したがって、彼らが戦争に突入した目的は、主として安全保障のため、余儀なくされたものであった)〉(一九五一年五月三日)

日本には、蚕を除いては国内の資源がほとんどないことを知っていながら、米国は日本を封鎖すべく、日本に石油や鉄を売らないと決めた。日本の戦争はこれに対する抵抗であり自衛だった、とマッカーサー自身が公の場で述べたのです。これで東京裁判が茶番であったことははっきりした。これこそ、最高にして最大の〝レビジョニスト〟(歴史修正主義者)の発言だったのです。

北岡氏はこのマッカーサー証言を知らないのでしょう。だから今日でもなお東京裁判史観そのものの歴史観で、「日本は侵略国家であり、周辺国に謝罪すべきだ」と言って憚《はばか》らないのです。

日本を蝕む東京裁判史観

北岡氏は何を以て、「日本は侵略戦争をした」と言っているのでしょうか。日本が戦場にしたところは、シナ大陸以外はみな植民地にされていたところです。日本が戦わなければ、いまも植民地だったでしょう。たしかに現地で被害は出ましたが、実質的には彼らの独立戦争を代わりにやったようなものです。昭和十八年秋の大東亜会議を思い出してもらいたい。

シナ事変に関しても、東京裁判ですら日本に開戦責任を問うことはできませんでした。日本には「行くべきでない所へ出て行って余計な戦争をした」という記憶と罪悪感が残っていますが、日本に領土的野心などありませんでした。「日本は侵略戦争を起こして迷惑をかけた」などと簡単には言えない状況があったことを、北岡氏は全く知らないらしい。

北岡氏はいわゆる「左翼」ではありませんが、歴史観は一貫して東京裁判史観に染まっています。日中共同歴史研究でも座長を務めた北岡氏は、「南京大虐殺」を事実であるかのように扱いました。彼が日本政府の審議会や外務省関係の役職で「お墨付き」がつくのは、彼が極論を言わず、なおかつ東京裁判史観の持ち主だから使いやすい、ということなのでしょう。

しかし、北岡氏の無知に日本人が振り回される必要はありません。

北岡氏のような歴史観の持ち主からすれば、このような指摘も「レビジョニスト」になるのかもしれません。いまやレビジョニストという言葉はヒトラー擁護、ナチ擁護、戦後の国際社会の枠組みをひっくり返すウルトラナショナリスト同然に使われています。

安倍総理が第一次安倍政権の頃に掲げていた「戦後レジームからの脱却」を第二次安倍政権では口にしなくなったのは、米紙などに「レビジョニスト」と書かれ、いささか萎縮しているからではないか。

勝った側の論理を継続したいアメリカが、東京裁判史観の否定を嫌うのは当然です。中国も当然、その論理に乗っていたい。韓国はそもそも参戦国ではないのに、戦後あたかも「戦勝国」であるかのように振る舞おうとした卑怯《ひきょう》な国ですが、日本が敗戦国として打ちひしがれ、韓国に謝罪や賠償を行って平身低頭していれば気分がいいのでしょう。

歴史回復は反米に非ず

しかし、東京裁判を体現すると言っていいマッカーサー自身の発言は、東京裁判史観そのものを覆《くつがえ》すインパクトがあります。日本国民はもとより、アメリカにも中国にも韓国にも知らしめる必要があるのです。

嬉しいことに、アメリカでも〝レビジョニスト〟的歴史観が目立つようになってきました。

日米開戦から七十年に当たる二〇一一年には、ルーズベルトの前の大統領であったフーバーの回想録（『Fr-eedom Betrayed: Herbert Hoover's Secret History of the Second World War and Its Aftermath』）が出版されています（草思社より訳出された）。そこにはこんなことが書いてある。

「日本との戦争の全てが、戦争に入りたいという狂人（ルーズベルト）の欲望だったと述べると、マッカーサーも同意した。また、一九四一年七月の金融制裁は、挑発的であったばかりではなく、その制裁が解除されなければ、自殺行為になったとしても戦争をせざるを得ない状態に日本を追い込んだ」

また、近年、日本でもチャールズ・A・ビーアドの『ルーズベルトの責任―日米戦争はなぜ始まったか』（藤原書店）が出版されました。ビーアドは、ルーズベルトがいかに日本に先に一発撃たせるか画策していた事実を明らかにしています。

日本が東京裁判史観から抜け出せずにいる間に、国際社会で歴史は〝見直し〟（revise）されているのです。人類の進歩は見直しの連続です。日本もこの動きを封印するのではなく、「真っ当な見直しをしていこうではないか」と言わねばならない。

その際、重要なのは「だからといって反米には転じない」ことを強調することでしょう。日本の戦争が自衛だったとしても、反米意識には繋がらない。原爆に対しても慰霊はしますが、アメリカを恨んで「いつか報復を」とは考えないことをアピールすべきです。

二〇一五年の三月十日、安倍総理は日本の首相として初めて東京大空襲の被害者を弔う「春季慰霊大法要」に参列しました。これは実に大きな変化と言えます。

アメリカは空襲によって、ひと晩にして十万人もの民間人を殺した。ナチスですらやらなかった殺戮《さつりく》の悲劇は忘れない。しかし反米運動には繋がらない――。安倍総理は身を以てこのことを表明しているのではないでしょうか。

神の御心より反日

一方で、このような世界情勢の変化のなか、いまだに過去にこだわり続ける韓国の姿勢は各国からも理解されないでしょう。安全保障上、こちらの陣営に韓国を繋ぎ止めておきたいと考えるアメリカも、慰安婦問題にこだわり、日米韓の連携を乱す韓国の振る舞いには正直、ウンザリしているのではないでしょうか。

もちろん、韓国にも事情をよく分かっている人たちが大勢いた時期がありました。その頃は、時に反日の機運が高まってもほどほどのところで収まっていたのですが、戦後しか知らない人たちが大勢になり、当時を知る人が亡くなるにつれ、事態は悪化しています。

六十年前に私がドイツに留学した際、隣りの部屋にはコリア人の教授がおり、他にもソウル大学のコリア人教授とも知り合いでしたが、彼らとは実に話が合い、お互いに楽しくやっていました。

彼らにとって、日本時代は非常に楽しいものだったようです。六十年前の韓国はまだ貧しかったのですが、彼らが留学した日本では面白い経験をたくさんしたという。神田で酒を飲んだ話や、旧制高校の生徒たちが履いていた高い歯の足駄を郷里で履くと大威張りできた、という思い出話をしてくれたものでした。

ところが、その下の世代になると様子が変わってきました。ある若いカトリックの韓国人神父は、どこへ行っても日本の悪口しか言わない。それでも「同じカトリック教徒だから」と大目に見ていましたが、エスカレートする一方なのです。

ある大きな集まりの際にも、その神父が立ち上がって日本の悪口を演説し、「日本は真似ばかりだ」と言ったので、私もついに堪忍袋の緒が切れて、立ち上がって発言しました。「十九世紀後半に、欧米の自然科学や工業を真似できると考えた有色人種はいなかった。しかし日本はできると考え、取り入れた。日本の場合は、『真似』は『独創』的と言ってもらいたい。その日本の真似をして成功しようとしている国こそ、単なる真似の国ではないのか」

すると会場の空気が張り詰めたものになったため、司会者が気を揉んで「私たちは神の名においては兄弟ですから」ととりなそうとしたところ、その韓国人神父は「神の名においても日本人とは兄弟ではない」と言い放ったのです。

それを聞いて、「神父が神の教えをも否定する。これが李承晩の反日教育の影響か」と唖然としたものです。

このような世代が中心となって反日教育を続けていけば、反日が過激化し続けるのも当然でしょう。国際社会に向けて日本の名誉を貶める「ジャパン・ディスカウント運動」を国を挙げて行っている韓国は、最早、敵性国家であると言っても過言ではありません。

恩を仇で返す韓国企業

私は、個人的には韓国にもいい人がいることは認めます。しかし、国家としては付き合いかねる。これが正直なところです。

日本は韓国に対し、戦後も物心両面の支援を行ってきました。韓国の側も、日本を真似て経済発展に努めてきた。しかし、日本にとっては多くが「ロクなことがなかった」と振り返る結果に終わっています。

たとえば鉄鋼業。一九六〇年代に新日鉄が君津工場を建設した際、講演に行きました。新日鉄が韓国に技術提供を行い、それを受けて韓国に鉄鋼企業ができたことを「宋襄《そうじょう》の仁でしたね」と言うと、新日鉄の関係者は「まさにそうです」と言いました。つまり韓国を思いやり、情けをかけたのです。

ところが、その企業はのちに恩を仇で返した。第一、完成した時も日本の協力者を招かなかった。また、後身企業であるポスコは日本からの援助を受けて工場を拡張し、企業規模を拡大してきたにもかかわらず、新日鉄が大変な苦労と資金をかけて育んできた技術を盗み出し、自身の研究努力なしにシェアを奪ったのです。彼らの「成功」は、とても歓迎できるものではありません。

このような韓国の性質は、おそらく何年経っても変わるものではないでしょう。日本は安全保障上の留意だけしておけば、経済も外交も、取り立てて関係を深める必要はない。

このような韓国とのかかわりは水の如く、淡々としていればいい。荘子の教えに倣うべきでしょう。

〈君子ノ交《まじわ》リハ淡《あわ》クシテ水ノ如ク

小人ノ交リハ甘クシテ醴《レイ》ノ如ク
君子ハ淡クシテ以テ親シミ
小人ハ甘クシテ以テ絶ツ
〈荘子外篇・山本第二十〉

醴は甘酒のことで、つまり儲けを考えて接近しようとするから、却って軋轢《あつれき》が生まれるのです。韓国人とは君子の付き合い、つまり水の如く淡々としていればいいのではないでしょうか。経済関係はなるべくなくするようにすべきです。あえて近づかなければ、喧嘩することもない。何より、相手に何を言われても癪《しやく》に障《さわ》らなくなる。放っておけばいいのです。

日本は粛々と自分の道を

ここへきて、外務省が珍しく評価されるべき、画期的な姿勢を見せています。韓国との関係について、外務省のサイトから「我が国と、自由と民主主義、市場経済等の基本的価値を共有する」との文言が削除され、「我が国にとって最も重要な隣国」という記述に改められたのです。

韓国メディアは「幼稚で稚拙な振る舞い」と批判しているようですが、気にすることはありません。日本は粛々と自分の道を行けばいい。

さらには日韓スワップ協定も満了となり、延長しませんでした。今後、韓国は再び苦境に立たされることになるでしょうが、助ける必要はない。デフォルトするのも見ているだけでいいのです。

戦後七十年、日本が世界に向けて正しい歴史観と未来志向の姿勢を見せなければならない時に、韓国になどかかずりあってはいられないのです。

（『Ｗｉｌｌ』二〇一五年五月号）

【第5章】

中国・韓国は歴史的痴呆症だ

歴史教育とは「美しい虹」を見せること

中国人や韓国人というのは、日本や日本人のことを考えると瞬間的に痴呆症に陥ってしまうのではないか。ここのところの反日運動の露骨さや過激さを見るにつけ、そう思えてなりません。

中国での大規模な反日デモ（二〇〇五年）は、日本の国連安全保障理事会の常任理事国入りに反対して発生したようですが、あのような国連機構改革といった問題でこれだけの民衆デモが自然発生的に起こることは、まず考えにくい。当局が「焚《た》きつけ」ていることは明々白々でしょう。

中国外務省は、「中国政府として目にしたくないこと」（崔天凱アジア局長）と言いながらも、その後で「中日関係にこのような局面が出現した責任は中国側にない」（秦剛報道官）と恬《てん》として恥じずに言ってのけました。「侵略という歴史問題に対する日本側の誤った態度に不満を示した自発的行動だ」と述べて、あくまで原因は日本側にあると強調する。

本当にそうなのでしょうか。彼らこそきちんと歴史を学んでいるのかと、声を大にして言いたい。

歴史教育が義務教育に取り入れられたのは、それほど古い話ではなく、概して国民国家が成立した後のことです。さらに言えば、通史というのはそんなに古くからあるものではなかった。面白いことにイギリスでは、哲学者のデイヴィッド・ヒュームが一七六二年に『英国史』全六巻を書き上げるまで、イギリス人の書いたイギリス通史というものがありませんでした。

日本での通史というと、江戸時代後期の歴史家・頼山陽《らいさんよう》の『日本外史』が有名です。これは武家時代が中心です。彼はその後に『日本政記《せいき》』という小著の通史を著した。その本は『日本外史』に比べ、コンパクトで本当の通史だったので、伊藤博文もイギリスへ密航したときに持参していったくらいです。『日本外史』よりも、『日本政記』のほうが維新志士のあいだではよく読まれたようなので、『日本政記』を日本の代表的な通史と言ってもいいでしょう。

とは言え、いわゆる一般庶民の「読み書きそろばん」のなかには「歴史教育」というのはもともと入っていません。前述したように、日本も含めて歴史が教育に取り込まれるのは、国民国家成立以後の話で、西洋でいえばウィーン会議の後です。

それ以前にも、例えば「ハプスブルグ家の歴史」のようなものはありましたが、それ自体はオーストリアの歴史全体をあらわしているわけではありません。

義務教育自体は十九世紀後半から方々ではじまりますが、その頃から国民国家という意識を国民に持たせるべく、「歴史」が義務教育に入ってきました。

義務教育における歴史教育に関して、イギリスの言語学者オーウェン・バーフィールドが、歴史を虹にたとえてこんなふうなことを言っています。

「歴史的事実というのは無数にある。それは雨上がりの空に残った無数の水滴のようである。虹は、近づいたからといって見えるものではない。ある角度からある方向に向かなければならない。そうすれば美しい虹を見ることができる」

それぞれの国が、自分たちの国のいちばんきれいな虹（＝歴史）が見えるように教える。虹というものを、国民にたいして一度見せてあげなくてはいけない。その美しい虹をみんなで見ることが、自国の歴史にたいする共同認識をつくることになるわけです。これが義務教育における歴史教育の目的です。

その国の歴史というのは、様々な無数の事件の知識（＝水滴）とは関係ありません。見せた後は個々の水滴を研究しても構わない。バーフィールドは、虹と水滴とは違うんだということを言っている。

戦前の日本では、国民に共通の虹を見せてくれました。同じように、アメリカも共通の虹を国民にたいして一生懸命見せています。アメリカの歴史というのは、悪意を持ってすれば、たとえばこんなふうにも書けてしまいます。

アメリカ大陸にやって来たのは、ヨーロッパ大陸で食い詰めた連中だった。彼らはインディアンたちがお人好しであるのをいいことに、ウィスキーでたぶらかして彼らの土地を奪い、追い払った。大農場をやるため、ローマ帝国以後はなくなっていた奴隷制を復活し、アフリカで黒人狩りをして労働力を確保した。

メキシコも弱いとみるやケンカを吹っ掛けて、テキサス、ニューメキシコ、カリフォルニアなどを手に入れた。そして太平洋沿岸まで出てみると、遥《はる》か彼方にハワイが見えた。やがてその向こうにある日本という国が日清戦争に勝ったので、次にはハワイを奪いに来るんじゃないかと心配して、先回りしてハワイをとってしまった――というようにも書けるわけです。

しかしそういう見方を、アメリカ国民の共通の虹にしてはいけない。そうではなくて、われわれはピューリタンの精神を持って、新しい土地にやって来た。そして独立宣言を起こし、憲法を制定し、キリストの精神にのっとった国造りをしようと努力した云々、というのがアメリカ国民の共通の虹であるべきでしょう。

共通の虹というのは、個々の歴史的事実とは直接関係はありません。日本人の見る虹と中国人の見る虹とが違うのは当たり前のことで、それなのに同じ虹を見ようとすること自体ナンセンスです。

教科書が違うのも自明のことです。しかも日本では、共通の美しい虹どころか、水滴でもない、人工的に汚れた水滴だけを教えてしまっているという印象があります。「新しい歴史教科書をつくる会」は、ようやく日本に美しい虹を見せようと努力をされているのです。

『紫禁城の黄昏』を読み返せ

日本に再び美しい「虹」を取り戻すにはどうしたらいいのか。第1章でも触れましたが、やはりまず「満洲国は日本が中国を侵略してつくった」という戦後日本の歴史観から抜け出さなくてはいけないと思います。

その基本となる本がレジナルド・ジョンストンの『紫禁城の黄昏』です。この本は岩波文庫から出版されていますが、驚くべきことに序文からは三十八行削られ、第一章から第十章までと第十六章が「主観的な色彩が強い」と削除されてしまっている。最近ようやく完訳版が祥伝社から上梓《じょうし》されたばかりです。

この本は一九三四（昭和九）年に出版されましたが、不思議なことにイギリスの中心的な左翼出版社であるヴィクター・ゴランツ社から出されています。

ゴランツという人物は非常にインテリで「ザ・レフト・ブック・クラブ」をつくり、ロンドン・スクール・オブ・エコノミックス（ＬＳＥ）のハロルド・ラスキ教授や、のちに首相になるクレメント・アトリーらと親交がありました。ゴランツがこの出版社を立ち上げたのは、ナチスとムッソリーニに対抗するためでした。

そういった性格の版元からこの『紫禁城の黄昏』が出されているわけですから、日本帝国主義擁護のために書かれたということでないのは明らかです。刊行された年の十二月には、早くもこの分厚く内容も堅い大著の第四刷が出ているくらいにベストセラーだったのです。

ここに書かれていることこそが、あの当時シナで起きた本当の歴史です。なので東京裁判のときに日本の弁護団がこの本を証拠資料として使おうと申請をしましたが、却下されたのです。

この本がレジナルド・ジョンストンという当時では当代一のシナ学者で、宣統帝溥儀《ふぎ》の家庭教師だったイギリス人によって書かれた、清朝末期のシナの状況を著した資料としては第一級のものだったからです。これを証拠として採用してしまうと、東京裁判自体が成り立たなかった。

『紫禁城の黄昏』は、満洲事変後のアメリカ・イギリスの対日政策が根本から間違っているということを、動かしがたい証拠を以って言及しているのです。

たとえば、「The Emperor of China」という言葉。この言葉はヨーロッパの文献には出てきますが、そんな言い方はシナにはないというのですね。ヨーロッパでは、フランス王ならフランスという、スペイン王ならスペインという自分の領土の名前がつきますが、シナでは、皇帝の名前には、そのときの王朝名しかつかない。「シナ皇帝」とか「中国皇帝」という言い方ではなく、「清国皇帝」だというわけです。

それにたいして、シナという領土の王や帝はいない。考えてみれば当たり前のことで、清朝というのは、シナ人ではなく満洲族がシナ（当時の明《みん》）を征服して成立した。明のまえは元《げん》王朝であり、モンゴル人が支配していた。それをシナ皇帝と称したらおかしいのであって、やはり元の皇帝と言うべきでしょう。つまり歴代の王朝には近代的な「国境」の観念がないのです。

それがヨーロッパ人には解らないから、「The Emperor of China」という言い方に翻訳されてしまう。満洲はシナではありません。

そのシナで「滅満興漢《めつまんこうかん》」が叫ばれ革命が起こった。正確に言えば被征服民族のシナ人が、満洲人の政府に対して独立運動を起こした。満洲族最後の皇帝である溥儀は紫禁城から追い払われた。その皇帝がイギリス人家庭教師と黄塵濛々《こうじんもうもう》としたなか、日本公使館に転がり込んだ。そして父祖の地である満洲に戻って、そこで皇帝になりたいと思っていた。その溥儀の夢を支援したのが日本なのです。

とすると、満洲というのは日本が侵略してつくったわけではないのです。さらにその見地から見れば、柳条湖事件も、満洲国に満洲国皇帝を招きいれるための除去作業だったと言えるでしょう。

満洲国は傀儡《かいらい》政権だと言われましたが、満洲人の正当なる皇帝が、先祖が「清」を建国した場所に戻って、大臣も全部満洲人か清朝の家来で構成された。

なにぶん統治能力は当面ないので、日本が内面指導したわけです。傀儡政権というと何か悪いことのように言われますが、傀儡政権は必ずしも悪くない。アメリカはハワイに傀傀儡政権をつくらなかったし、イギリスはビルマにつくらなかった。アメリカはインディアンの酋長《しゆうちよう》を傀儡州知事にしたこともない。それらと比較すれば、満洲国の傀儡政権は当時考えられる最高の人道的配慮がなされていたと言うことができます。

そういったことをジョンストンは、この『紫禁城の黄昏』のなかで縷々《るる》書いている。

日本の劣等感をなくすために

東京裁判のさい、梅津美治郎《よしじろう》の弁護人だった、ベンブルース・ブレイクニー少佐が、この本を提出しました。しかし前述したように、これを証拠として認めてしまうと、東京裁判の陸軍関係の戦犯はあらかたいなくなってしまう。連合国側は何としても日本を裁くつもりでしたから、著者がすでに死んでいるから（ジョンストンは一九三八年に死去）などと理由をつけて却下した。

ジョンストンが『紫禁城の黄昏』を書いた時、自分が長年お世話になった恩人の本ですから皇帝・溥儀自体喜んで序文を寄せています。しかし、溥儀は当時ソ連軍に捕まっており脅かされていたのでしょう、序文は自分が書いたものではないと言う。もし序文を自ら筆を執ったと彼自身が認めれば、彼は日本政府に拉致されて傀儡政権の皇帝になったのではなく、自ら望んで日本に助けてもらって皇帝になったということを認めることになる。そうすると、東京裁判自体が成り立たなくなるのです。

そういうこともあって、ジョンストンの本は証拠として採用されませんでした。ところが注目すべきは、序文には玉璽《ぎょくじ》が推してあるんです。「宣統御筆」と書いてある。これは慣習上皇帝が書いたのと同じなんですが、残念なことにブレイクニーは実印の習慣を持たない国の人でしたから、その実質的な意味が理解できなかった。そこで彼は引き下がってしまったのです。

それでもこの本は最重要文献としての価値を失いませんでした。裁判では度々ジョンストンが重要人物として登場し、そのたびにこの本は第一級の証拠資料として、提出されては却下されるということを繰り返したのです。

何度も言いますが、満洲はシナではありません。シナで革命が起こったために、自分の先祖の土地に、満洲人の皇帝が戻って来たからと言っても、何らおかしいことではありません。そもそも、万里の長城以北はシナではなく、満洲民族からすればむしろチベット民族同様、自分たちが滅ぼされかかっていると言うのが正しい。

日本の歴史を見直す、日本の「美しい虹」を取り戻すためには、まずジョンストンの『紫禁城の黄昏』から再出発すべきです。

ジョンストンはこう書いています。満洲は当時実質的に完全にロシアに占領されていた。それは当時満洲にいたイギリスの宣教師や商人の証言でも明らかである。ロシア人を追い払うために、清朝は何もやらなかった。日本は日露戦争をしてロシアを打ち破ったが、それがなければ遼東半島ばかりか満洲全体がロシア領になっていたことは明白だった。そうジョンストンは書いています。

ロシアの植民地になりかけている満洲を助けた。そしてロシア人のいなくなった満洲を清朝に返してあげた。そして日本の利権がある程度認められた土地に、シナから追われた清朝の皇帝が帰ってきた。それを日本が助けて、いったい何が悪いのか。

この論理を崩すと、日本は中国を侵略したという汚名から逃れることはできません。この論理は無理ではなく本当なのであって、日本が満洲を侵略したと言い募《つの》るほうが無理な論理だということに、そろそろ気づくべきです。

だとすれば柳条湖事件にも、日本は肩をすぼめる必要はまったくありません。柳条湖事件は、満洲国を創るために侵略者・張学良を追い払っただけのことです。そう日本の歴史観を変えると、劣等感がなくなるのです。もう一度、「美しい虹」を見ることができると思います。

中国・韓国はいまや一番非友好国

この本が、満洲事変を調査したリットン報告書より先に出ていればよかったのにと悔やまれます。報告書はジョンストンが著す二年前に提出されました。ジョンストンは、リットン調査団がシナの歴史に無知な連中だということを穏やかな筆致で書いています。

そのリットン報告書すらも、満洲事変は単なる侵略であるとは言えないと述べています。この報告書のいちばん良くないのは、「将来、満洲はシナ政府の一地方政権であるべき」というような趣旨のことを勧告している箇所です。それは、溥儀が「The Emperor of China」だと調査団が認識していることを示していますが、彼は清朝の皇帝であってもシナの皇帝ではないのです。そういうことが調査団の共通認識としてあったなら、満洲事変以降、十五年戦争であるとか、大陸侵略の共同謀議があった云々というのは問題にならなかったはずです。

柳条湖事件や盧溝橋事件、さらには南京大虐殺も含めて、一度『紫禁城の黄昏』に立ち戻り、しかるべき知識を押さえていれば、中国や韓国から何か言われたとしても、卑屈になって安易に頭を下げることはないのです。

しかし、いまの政治家も官僚も余りに無知なのです。終戦直後の日本の立場が、国際的にもいまよりずっと弱かった時代でも、岸信介や佐藤栄作といった、戦前を知っていた人たちは、チャイナやコリアに無闇にへつらわなかったのです。それは知識があったからです。

戦後、保守党が教育を左翼に握られるのを放置しておいたのも知識の欠如でした。戦後の保守派の代表的論客として尊敬されていた林健太郎先生も、猪木正道先生も、青年時代は共産党シンパでした。

ということは、この人たちも青年時代はコミンテルンやソ連の分析に従って、日本の大陸政策を見ていたことになります。お二人は戦後、反共・反ソになられましたが、「日本は満洲を侵略した」という青年時代の左翼史観は捨てませんでした。この人たちが保守党の人たちにも重んじられたのが、日本の政治家がチャイナ・スクール派に牛耳られた一つの理由です。

中国・韓国にたいして、友好国と称して譲歩に譲歩を重ね、経済協力もし、文句を言われても反駁《はんばく》しないで過ごしていたにもかかわらず、それが、日本の国連安保理常任理事国入りが話題にのぼった途端にたちまち反日運動が起こる。天安門事件で中国が孤立した時、日本は前例もないのに天皇陛下の訪中を実現させ、苦境から救ってやってもいる。中国・韓国は、実は一番の非友好国だという証《あかし》ではないでしょうか。

もはや友好友好とお題目を唱えているだけでは埒《らち》が開かない。日本として真っ当に筋を通すより他にないと思います。

また歴史教科書について言えば、前章でも触れましたが、宮澤喜一元首相と河野洋平衆議院議長の両氏には、教科書問題と従軍慰安婦問題に関して、是非公式な謝罪をして自分たちの誤りを認めてもらいたい。彼らがそうしなければ、中国・韓国との真っ当な関係を築くことは永遠にできません。

【第6章】

ヤクザも呆れる中国の厚顔無恥

自虐史観におもねる加藤紘一氏の論文

中国における反日デモ（二〇〇五年）で、日本大使館や総領事館といった外交施設が傷つけられたり一部が破壊されたりしました。近代国家においては、外交施設というものは治外法権であることはどの国も了承していることです。その建物にたいして、自国民が攻撃することを阻止しなかったばかりか、その原因は攻撃される国にあるといったような言動は、とても文明国のやることではありません。

ですから、あの事件ひとつ見ても、中国という国は未だに文明国と呼ばれる水準に達していないと留意して、付き合うべきです。

「日本は侵略戦争をした」とか「A級戦犯を合祀《ごうし》している靖國神社を参拝している」とか非難していますが、これは日中平和友好条約ですでに片が付いた話を蒸し返しているに過ぎません。

そもそも平和友好条約というのは、お互いに戦争するほどの言い分があったりしたけれども、これで話を済ませましたという諒解事であり、条約以前の話まで逆戻りしてはいけません。国家同士の講和条約というのは、民間で言えば示談が成立したというのに等しい。

示談が成った話を、また過去に遡ってとやかく言うのは、やってはいけないことです。そんなことはヤクザですらもやらない。

したがって、中国という国はヤクザ以下、引き合いに出すこと自体ヤクザに失礼です。ヤクザが怒ります。

二〇〇五年四月二十三日付の朝日新聞朝刊に加藤紘一衆議院議員が寄せている一文(「首脳は改善へ意思示せ」)を一読し、愕然としました。

かつて自民党のプリンスと褒めそやされ、党の要職を務め、また閣僚の経験もある氏の寄稿は、反日デモの激しい時期の朝日新聞社説の論調に非常によく似ており、平仄《ひょうそく》が合っている。

朝日新聞は、日本の外交施設が攻撃されているときに、小泉さんが悪いと社説に書きました。そのことは、朝日自身が講和条約の意味するところを理解しておらず、社説を書いた論説委員氏もヤクザ以下の程度であることを証明しているようなものです。それと同じ水準のことを、加藤氏がお書きになっているのを拝見して、驚き且つまた遺憾に思ったのです。

加藤氏は、その文章において、小泉さんの靖國参拝がいけないのは、そこに十四人のA

級戦犯が祀られており、その一方でサンフランシスコ講和条約では、東京裁判を受諾したといっている。だからそれに反することはやってはいけない。そんなことをすれば、日本は講和条約の精神を遵守《じゅんしゅ》する意思がないのではないかと世界に疑われるかもしれないからだと書かれています。

それに関してはいくつか反論すべき点がありますが、ひとつは講和条約に関してです。日本は講和条約は蔣介石（国民党政府）と結んでいます。済んでいるのに、もう一度ご丁寧に中共政府とも友好条約を結びました。

そのなかで中国は今後いっさい内政干渉もしないと言っています。ですから、講和条約の精神を遵守《じゅんしゅ》する云々ということを持ち出すのならば、まず第一にそれは中国に向けて言わなくてはいけません。氏の言葉は日本に向けるのではなく、中国に向ける言葉なのです。それなのに、こちらに向かって言うのは、自虐史観に之繞《しんにゅう》をかけるようなものです。

またA級戦犯についていえば、その定義は何かというと、東京裁判が決めただけのことです。東京裁判というのは、そもそもいかなる国際法にも基づいていない裁判です。判事に中立国は加わっておらず、当事国が裁判を仕切っていました。たとえて言えば、暴力団のA組とB組とが喧嘩して、A組が勝った。そこの若頭たちが、B組を裁いたということです。東京裁判は、その構図とまったく同じなのです。

今日、東京裁判の裁判官や検事は、裁判に関わったことを恥じているのではないでしょうか。事実そう告白している人も数人います。と言うのも、欧米では文明国の証拠のひとつとして、法律によって裁くことを重要視しているからです。法律に依らずに裁判をするというのは、独裁君主を戴《いただ》いている国家のすることです。そういう時代は、たとえばイギリスでは名誉革命で終わっている。ジェームズ二世の専制を排除すべく、オランダから別の王様を連れてきたのが名誉革命です。

イギリスでは当時、ジェームズ二世の議会の意向を無視した振る舞いを「constitutionalではない」と非難していました。イギリスには書かれた憲法はないので、「constitution」を「憲法」と直訳すると語弊がありますが、ずっと積み重ねてきた法律の精神といったようなものに背くことだということであり、イギリス人が法律というものをとても重要視していることが解ります。

靖國問題は朝日問題

以来、世界の文明国はイギリスの名誉革命の精神に倣《なら》ってきている。それ以外は独裁君主国家であって、そういう政体はイギリスでもアメリカでも最も嫌っているのです。それに類したことを東京裁判でやったのだということを、まず指摘しなくてはなりません。つまりは、あんな裁判は無効なのです。

さらに付け加えれば、東京裁判やその他の軍事裁判でいろんな人が処刑されました。ですが正確に言えば、サンフランシスコ講和条約が成立するまでは、日本は米英その他の国と戦争状態にあるのに等しいわけです。その状態のなかで敵の手によって殺された。殺された人間がどうであれ、これは靖國神社に祀らなくてはいけない人たちだと言うことができるでしょう。

事実、戦犯を取り消すことには国会が共産党も加わったほどの圧倒的多数で賛成しています。その十四人のA級戦犯の合祀が問題となっているのは、朝日新聞が「あれはおかしい」と言っていることに反響しているだけです。靖國神社問題は一にも二にも朝日新聞が起こしている問題なのです。

講和条約のなかで、東京裁判の判決を尊重すると書かれていると言われていますが、それを左翼陣営の連中はじつによく持ち出します。

ところが、佐藤和男氏（青山学院大学名誉教授）や小林宏晨氏（日本大学教授）など、国際法に詳しい先生によると、講和条約の原文では、個々の判決を受諾することしか求めていません。具体的には、条約締結当時、まだ刑期が終わっていない戦犯がいました。当事者国の諒解なしに、勝手にその戦犯の刑期を縮めてはいけないというようなことです。

いわば事務手続き上の記述であったわけです。元来、刑期の終わらない戦犯というのは、普通の講和条約締結後には存在しないものです。講和条約というのは、全部をチャラにするからこその講和条約なのであって、普通はそんな条文は講和条約にはついていない。ついていることが異常なことです。

じっさい条約締結後は、条約の条項に従い各国と交渉して、ただちに戦犯の刑期を縮め釈放しました。賠償金も全部支払いました。締結後数年して、やるべきことはきちんとやり終えたのです。講和条約締結のとき、日本政府は東京裁判の精神に拘束されるなどといった莫迦げた話はどこからもでてきませんでした。あの裁判が正当であったといったような文章はありません。事実、東京裁判で無期禁錮刑だった賀屋氏はその後法務大臣になり、禁錮七年の重光氏は外務大臣になり、日本が国連に加盟した時は、そこに出てスピーチしています。もちろんどこの国からも文句はきませんでした。占領中に死刑になった人は、残念ながら生き返らせることができなかっただけです。これが現在の靖國神社問題のすべてです。中国や韓国が口出しすべきことではありません。

加藤氏の歴史認識を問う

東京裁判の話をしたら、連合国側のすべての関係者は恥じるでしょう。やってはいけない裁判でしたから。そういったことを、東大法学部を出た加藤氏ともあろうお方が知らないわけはない。単なる知識の欠如か、それとも知っていて中国にへつらっているのか。おそらくは、朝日新聞の社説子と同様に、知っていて、あのような文章を書いているのではないでしょうか。

岡崎久彦氏（外交評論家＝故人）は、かつて産経新聞の「正論」で、加藤氏を名指しで批判した記事を書かれた（「不安な加藤氏の外交的言動」一九九八年七月十四日）。岡崎氏は、加藤氏が湾岸戦争危機のとき、元防衛庁長官でありながら「日本人を危険に曝《さら》すことは出来ない」といった旨の発言をしたことや、氏が日米中等距離の三角関係で日本外交をすべしと発言していることを取り上げて、いまのままでは、加藤紘一氏を首相や外務大臣にしてはいけないと述べている。

これは岡崎氏が外務省のOBとして、加藤氏を見ていて、この人に任せたら日本もそして日米安保体制もどうなるか解らなくなってしまうという憂国の気持ちから書かれたのだろうと思います。

加藤氏と私とは郷里が同じであり、学校の後輩でもあります。彼の父君も知っています。私の知っていた若い政治家だった頃の加藤氏は、頭脳明晰な立派な人でしたが、その氏がなぜいまのような歴史観を抱くようになったのか不思議です。加藤氏にはいまからでもその考え方を改めてもらわないといけません。

自国の外交施設を攻撃されたのに、こちらが悪いと言うのは、かつて外交官であった人間なら逆立ちしても言えることではないでしょう。しかし敢えてそう言っている以上は、何か特別な事情があるに違いない。

加藤氏は、北朝鮮へのコメ支援問題でも先頭を切って推進された。しかし彼の私設秘書と称して働いた人物は、朝鮮総連系の人物だったということが、いまでは知られています。いずれにしろ、彼が現在抱いているようなシナ観の根源を知る必要があると思います。でなければ彼の言動は、日本にとって有害な影響を及ぼすだけでしょう。

それに国の為に死んだ人を祀る行事に参加する首相を批判するようでは、日本の首相に――それどころか政治家にも――なる資格がないと言われるでしょう。

ドイツは戦争自体にたいして謝罪していない

戦後の「謝罪」について言えば、「ドイツは謝っている」ということを、よく耳にします。しかし、その謝罪についての文献がどこにあるのか教えてくれた人はいません。

強いて言えば、ワイツゼッカー元ドイツ大統領の「荒れ野の四十年」という演説だという。ですが、それを読んでも、過去ではなく未来志向のトーンで彩られ、そこには「すみませんでした」という謝罪の文言はないのです。その内容と言えば、ナチズムの犯罪に関しての演説であって、侵略戦争自体にたいしての謝罪ではありません。第一、ドイツに宣戦布告したのはイギリスとフランスのほうです。

ドイツの負け方は、日本とは様相が異なりました。ヒトラー総統がベルリンの地下で死んでしまったため、通常の政府が存在しなくなってしまいました。降伏したのは、政府ではなく、カール・デーニッツ首相兼国防軍総司令官を中心とした海軍上層部です。

ですから、日本のように、ポツダム宣言が先にあって、それを政府が受諾するというような条件降伏ではなかったのです。そういう意味で、ドイツはまったくの無条件降伏です。そして国を分割され、四カ国に占領された。正式の講和条約はないはずですし、賠償問題も片付いていません。ただ、ドイツはユダヤ人に対しては明らかに大量殺人という犯罪を犯したわけですから、イスラエル政府には賠償金を払った。

そのドイツと、日本を軽々に比較できるでしょうか。ドイツはきちんと謝罪している、日本は謝罪していないなどということを誰が言い出したか知りませんが、日本を貶《おとし》めることでしかありません。しかもタチの悪いことに、その認識は広く普及していて、来日している南ドイツ新聞の記者までもそう思い込んでいるフシがある。冗談ではないと言いたい。

韓国の盧武鉉《ノムヒョン》大統領（当時）にもその認識があるようで、二〇〇五年四月にドイツを訪問したさいにも、彼は「日本の態度は人類社会が追求すべき普遍的人類の価値に反する」と述べる一方で、「ドイツが過去を自ら克服して隣国との関係を改善したのは驚くべき力量だ」と無知丸出しで、日独の戦後処理を比較しました。その上で、「侵略と加害の過去を栄光と考える人たちと一緒に生きるのは、全世界にとって大きな不幸だ」と強く非難したのです。

ですが、じっさいドイツでは、盧武鉉発言は意外に醒めた受け止め方をしたようです。そもそもナチスの犯罪というのは、ドイツ人自身も自分たちがやったことだとは思ってもらいたくないという心理がある。それと日本とを比べること自体ナンセンスだと彼らは思っているので、盧武鉉の発言は、一般に軽蔑と嫌悪の念を持って迎えられたようです。

ドイツ再軍備の真相

さらにドイツに関して言えば、佐瀬昌盛氏（拓殖大学海外事情研究所教授）が、ドイツの再軍備について言及しています。（二〇〇五年五月十三日付産経新聞「正論」――「『戦後ドイツ神話』に惑わされるな」）

ちょうどドイツが徴兵を再開したときに、私はかの地へ留学していましたのでよく覚えていますが、日本では「徴兵」どころか「再軍備」などと夢にも思わないときでしたから、びっくりしました。

二〇〇五年五月三日の朝日新聞社説が、ドイツ再軍備について「東西冷戦の最前線に位置するドイツの再軍備は西側陣営の圧力があってのことだ」と述べ、「それには徹底したナチスの断罪と隣国との和解が大前提だった」と書いたのを、佐瀬氏はそれはとんでもない間違いだと指摘しているのです。

ドイツが再軍備の必要性を感じたのは、アデナウアー首相がソ連の脅威を感じたからです。再軍備に終始反対していたのは、フランスでした。結局、ソ連という強大な脅威のまえに、フランスも折れて、ドイツ人の国防主権は認めないが、西ドイツを西欧防衛目的に使うという欧州防衛共同体条約が成立したのです。そしてドイツは再軍備の準備に取り掛かった。その後一九五五年、ドイツはＮＡＴＯ（北大西洋条約機構）へ参加したのです。朝日新聞の社説はあべこべなわけです。

そういう歴史があるにもかかわらず、朝日は、ドイツは周辺諸国と仲良くやっているのに、日本は同じような友好関係を築いていないからダメだ。中国・韓国という、ヤクザ以下の発想しかできない国々の言うことを全部聞いて、彼らと仲良くしなさいと言う。

パリは、過去ドイツに三度占領されました。ナポレオン戦争、普仏戦争、第二次大戦においてです。第一次大戦でも占領直前までいった。そういう経験をしているにもかかわらず、ソ連というもっと強大な恐怖があったために、フランスは譲歩してドイツと和解したのです。

戦後、シューマン（フランス外相）が、ドイツとフランス両国の石炭・鉄鋼を共同管理する案（シューマン＝プラン）を提唱し、それにドイツのアデナウワーやイタリアのデガスベリが賛成し、それがもとでヨーロッパ石炭鉄鋼共同体が発足するなど経済協力はできましたが、この両国はもとより、北イタリア周辺も、かつてのシャルルマーニュ（ドイツ語ではカール大帝）の時代からすれば同じ国だったのですから、仲良くできたわけです。しかも同じキリスト教ですし、イギリスとアメリカがソ連に備えるために強力にバックアップしたという背景もありました。

日本の場合、中国・韓国とのあいだにそんな背景があるかというと、それはないわけです。「同文同種」「一衣帯水」と言いますが、相手は講和条約の意味も解らない、言ってみれば野蛮国です。

そんな国に納得してもらおうとしたら、全部剝ぎ取られなくては納得してもらえない事態に陥ることくらいは、正気の人であるならば気づかないわけはありません。それなのに、あたかも気づかないがごとく、朝日新聞が唱えているのはなぜだろうかと首をひねるばかりです。

朝日新聞に巣食うもの

戦前の日本で、日本国の解体あるいは日本国悪しかれと本当に願っていたのは、当時の共産党とそのシンパでした。とりわけ天皇制廃止までを指示している二十七年テーゼとか三十二年テーゼがコミンテルンから伝わると、共産党の中心人物だった鍋山貞親や佐野学、田中清玄、河上肇などが次々と離れていくわけです。

そのとき離党しなかった、ほんの十人いるかいないかの少数の党員と、そのシンパの思想が、いまの朝日新聞の論調へとつながっていると考えられるのです。そう考えると、彼らの言論の不可解なこと、あるいは社説子が当然嘘と知らなければならない事柄まで書くことなどが理解できます。戦前の左翼思想を持ち続けてきた勢力が、朝日の社説・思想を左右するだけの力を行使できる地位にあるのでしょう。

昔アーノルド・ベネットという、イギリスの小説家の著書に『Literary Taste』というエッセイがありました。そのなかに、古典はどうしてできるかを述べた箇所があります。どういう本が古典になるのかというと、出版時の売れ行きとかではない。ベネットは「a passionate few」という言葉を用いて、その本にたいする「少数の情熱的な支持者」を獲得できた本だけが古典になり得ると言っています。彼らは、周囲がその本の存在を忘れた頃でも、いつまでも言いつづける。そうすると、いつの間にかそれが古典になるのだと。

まさに、いま朝日新聞の社説の中心には、戦前の共産党員――特にコリア系の党員――とそのシンパと同じ思想を持った「a passionate few」が存在しているとしか思えません。彼らは、常識的に考えてもおかしな事を、じつにしつこく平然と言いつづけている。嘘だと知っていなければならないことも、平然と主張し続けています。

そのうちに影響力がでてきて、朝日が言っていることだからと世間に蔓延したり、あるいは加藤氏のような言動をする人物もでてくる。

ですから、正しい歴史の知識と毅然とした態度を取ることは、ヤクザ以下の国々だけでなく、この国のなかにも宿る「日本悪しかれ史観」を抱く「a passionate few」にたいしても欠かすことのできない重要事だと思うのです。

【第7章】朝日よ、講和条約をよく読め！

槍玉に上がった森岡発言

前章で、先の大戦に関して中国からいろいろ文句をつけられているが、それらはすべて平和友好条約が締結されたことで、解決済みだと言いました。

すると、それに反論するかのごとき社説を、朝日新聞は掲載しました（二〇〇五年五月二十八日付「東京裁判否定　世界に向けて言えるのか」）。その冒頭、森岡正宏衆院議員（当時）の発言が槍玉に上げられました。

それによると、森岡さんは次のような趣旨の発言をした。

「極東国際軍事裁判（東京裁判）は平和や人道に関する罪を勝手に作った一方的な裁判だ。A級戦犯でありながら首相になったり、外相になった方もいる。遺族には年金をもらっていただいており、日本国内ではA級戦犯は罪人ではない」

それにたいし社説子は、「しかし、戦後の日本が平和国家として再生していくための土台となった基本的立場を否定するものであり、国際的な信義を問われかねない。とても許されない発言だ」

そして、「戦争が終わったあと、勝者の連合国は東京裁判を開き、東條英機元首相ら死刑になった七人を含む二十五人のA級戦犯の戦争責任を認定した。

敗戦国として不満はあったかもしれない。日本無罪論を主張したインドのパル判事もいた。だが、日本は東京裁判の結果を受諾することで国際的に戦争責任の問題を決着させる道を選んだ。これはまぎれもない事実だ。

サンフランシスコ講和条約はそのことを第十一条にうたい、日本を再び国際社会に迎え入れた。調印した国々の多くは、日本復興への配慮から賠償などの請求権を放棄した」

と述べて、

「A級戦犯の遺族に年金などが支給されているのは、生活の困窮に手を差し伸べる目的もあった。それをもって戦犯の責任自体が否定されたわけではない。

国際的にも驚愕の主張と言うしかない。東京裁判が問題だというなら、では日本は戦争責任をめぐる議論を一からやり直したいのか、サンフランシスコ講和条約を見直したいということか。そんな疑念を呼ばざるを得ないからだ。[中略]（靖國神社も）戦犯を『連合軍の形ばかりの裁判によって一方的に戦争犯罪人というぬれぎぬを着せられた方々』と位置づける。東京裁判の結果を『ぬれぎぬ』と訴える靖國神社に首相が参拝することは、そうした主張にお墨付きを与える意味をもつことを、首相は真剣に考えるべきだ」

要するに、靖國神社を参拝してはならぬと朝日新聞は主張している。

第十一条の明らかなる誤訳

小泉首相（当時）も、靖國神社に合祀《ごうし》されているA級戦犯の責任について、「それはもう戦争裁判で済んでいるのではないですか。日本は（裁判を）受け入れているわけですから」と述べ、極東国際軍事裁判（東京裁判）で決着済みとの認識を示しています。

それらの主張に対し、翌五月二十九日の産経新聞社説（「靖國神社　首相参拝は日本の慣例　戦没者に敬意を払いたい」）では、「日本はサンフランシスコ講和条約で東京裁判の結果を受け入れたにもかかわらず、その『A級戦犯』を合祀している靖國神社に首相が参拝することを中国は許せないらしい」

と述べ、

「講和条約で日本は東京裁判の判決を受け入れたが、それは刑の執行や赦免・減刑などの手続きを引き受けたに過ぎない。『南京大虐殺』など事実認定に誤りの多い東京裁判そのものを受け入れたわけではない」として、東京裁判自体を受け入れたと主張する朝日の主張を批判しています。

靖國問題を突き詰めていくと、サンフランシスコ講和条約の第十一条の問題に行き着きます。

講和条約第十一条では、まず「日本国は、極東国際軍事裁判所並びに日本国内及び国外の他の連合国戦争犯罪法廷の裁判を受諾し、且つ、日本国で拘禁されている日本国民にこれらの法廷が課した刑を執行するものとする」（傍点渡部）と書かれています。

このなかの「裁判」という言葉ですが、原文では「judgments」となっている。本来この言葉は「判決」と訳すべきところですが、なぜか「裁判」と訳されてしまっている。明らかな誤訳です。

さらに言うなら、「判決」という訳語でも不充分です。というのは「judgments」は、絞首刑から懲役等の数種類の「判決」を表現している複数形ですから、「諸判決」とすべきなのです。しかも「執行する」のは「日本国」です。

第十一条ではさらに、「これらの拘禁されている者を赦免し、減刑し、及び仮出獄させる権限は、各事件について刑を課した一又は二以上の政府の決定及び日本国の勧告に基く場合の外、行使することができない。極東軍事裁判所が刑を宣告した者については、この権限は、裁判所に代表者を出した政府の過半数の決定及び日本国の勧告に基づく場合の外、行使することができない」とある。

前にも述べたように、講和条約というものは締結すれば、それ以前のことを無かったことにするものなので、戦犯についても即時全員釈放しなくてはならなくなります。この第十一条は、それを防ぎ、日本政府が勝手に刑の執行停止や減刑をしたりしないようにするための規定にすぎません。そのような条文自体、従来の国際法にはない類のものですから、日本は拒否してもよかったのですが、受け入れた。しかし受け入れたのは「諸判決」だけなのです。

また、受け入れても「一又は二以上の政府の決定及び日本国の勧告に基」けば、釈放してもいいことになっている。だから、日本政府は関係各国に赦免勧告をし、彼らを釈放しました。禁錮七年のA級戦犯として服役した重光葵も釈放され、国連総会で日本代表として演説しました。終身刑だったA級戦犯の賀屋興宣は、その後池田内閣で法相を務めた。死刑になってしまった人たちはいかにも重罪人のようですが、もし彼らが無期懲役刑だったら、全員釈放されていたに違いありません。

朝日新聞による森岡議員に対する批判はまったく見当違いと言えます。また小泉首相も「東京裁判を受諾している」と言ってはいけなかった。

講和条約の見直しを

朝日は、私が今述べたような主張を「一部の政治家や学者、マスコミ」の意見と決めつけていますが、一部ではない。朝日の社説こそまさに為にする議論であり、その誤訳を自分たちの都合のよいように使うことで、日本と日本人を東京裁判というインチキ裁判の桎《しっ》梏《こく》の下に永遠に置かんとする魂胆が見え見えです。それ以外の何物でもない。

前出の社説で「日本は戦争責任をめぐる議論を一からやり直したいのか、サンフランシスコ講和条約を見直したいということか」と詰問していますが、その通り、見直したいのです。そして、できるなら東京裁判もやりなおしたい。

ただしその場合、裁判官は全部中立国から派遣することと、日本も反論できることが条件です。現在では当時のいろいろな資料が公けになっていますし、もしそうなったら、東京裁判の判決はガラッと変わる可能性があります。

いまではハル・ノートは事実上の国交断絶通知書というのが外交の常識になりつつありますし、もしその説がとられたら、太平洋戦争はアメリカが仕掛けたということになります。ジョンストンの『紫禁城の黄昏』完訳（祥伝社）も刊行されたので、満洲国は日本の侵略でつくられたという説も却下される。南京大虐殺も、その証拠写真と言われるものは、どれも証拠として足るものではないということが発表されています。これまで資料とされたテンパリーの本なども、蔣介石からお金をもらっていた人間の宣伝文書であることが証明されております。

そういったことを積み上げていき、中立国のもとに裁判をやり直したら、あの戦争を引き起こしたのは日本ではなく、アメリカだと判断されて、日本が勝つ可能性も充分にあります。

それどころか、無差別爆撃や原爆で市民大虐殺をやった国・アメリカの責任者、中立条約を無視して侵攻してきた国・ソ連の責任者は、それこそ間違いなしの戦犯であることに裁判官は一致するでしょう。

朝日新聞よ、このさいサンフランシスコ条約を見直そうではないか、と言いたい。

天皇陛下の御親拝実現を

子どもの頃、「靖國神社の歌」という歌があって、いまでもよく覚えています。歌詞一番に「あゝ大君《おおきみ》の　ぬかづき給う　栄光の宮　靖國神社」とあります。「大君《おおきみ》」(=天皇)が、

「ぬかづ」く、即ち「(神仏に)礼拝す」るのは、伊勢神宮、明治神宮、そして靖國神社だけだと、学校の先生は教えてくださった。歌詞をつづけて見ていくと、「あゝ国民《くにたみ》の　拝み称う」(二番)、「あゝ同胞《はらから》の感謝は薫る」(三番)、「あゝ一億の　畏《かしこ》み祈る」神社が、靖國神社だったのです。

昭和二十(一九四五)年十二月、GHQ(連合国軍最高司令官総司令部)は「神道指令」という、国家神道の危険性を除去するための覚書を発令しました。

アメリカはイラクに強引に介入しましたが、イラク人の宗教にまでは口出ししていません。しかしGHQは、他国の宗教に容喙《ようかい》するだけでなく、靖國神社を焼却する考えさえ持っていました。

それに異議を唱えたのは、上智学院(上智大学の設置者)の院長だったブルーノ・ビッテル神父です。彼は次のような趣旨の答申をGHQに返しました。

「自然の法に基づいて考えると、いかなる国家も、その国家のために死んだ人々に対して、敬意を払う権利と義務があると言える。それは戦勝国か敗戦国かを問わず、平等の真理でなければならない。(中略)靖國神社が国家神道の中枢で、誤った国家主義の根元であるというなら、排すべきは国家神道という制度であり、靖國神社ではない。(中略)いかなる宗教を信仰するものであろうと、国家のために死んだものは、すべて靖國神社にその霊を祭られるようにすることを、進言するものである」

この異議申し立てによって、靖國神社が焼き払われることはなくなったのです。

ちなみに、ローマ教皇庁は戦前にも靖國神社の参拝を信者に禁じていないことを明らかにしています。

昭和二十七（一九五二）年、講和条約が発効したあとで、昭和天皇は御製を二首つくられました。そのうちのひとつ、

風さゆるみ冬は過ぎてまちにまち
　　八重桜咲く春となりけり

自然詠としては、〈八重桜咲く〉はすでに晩春であり、〈冬は過ぎて〉と詠むには少し遅すぎる感がありますが、それだけに占領統治時代の〈冬〉の厳しさと、そこから解放されたことが如何に昭和天皇にとって重大な意味を持っていたかがよく解る一首です。そしてその年の十月、昭和天皇は日本が主権回復したと、靖國神社に行幸、奉告しておられます。

終戦記念日に、歴代首相が靖國へ参拝することがはじまったのは、三木首相からです。そこから、いわゆる私的参拝か公的参拝かという議論がでてきました。

終戦記念日の参拝はあってもいいと思いますが、もっと重要なのは春秋の例大祭です。靖國に祀られているのは、なにも大東亜戦争の戦死者だけではありません。日清・日露戦争の戦死者も一緒に祀られています。ですから、例大祭のときにこそ、天皇陛下に御親拝を賜りたいものです。

日本の田舎では、戦死者の弔いは、村の鎮守の社《やしろ》にある招魂社《しょうこんしゃ》（共同の慰霊施設で後に護国神社と改称）で行ったものです。そうしなければ、宗教の違った戦友同士は、あの世で再会できなくなってしまうことになるからです。

また、昔の日本人の霊魂観では、自分が無縁仏になることをいちばんに恐れました。祀る人がいなくなることを怖がった。ですから養子縁組などをして、「家」を存続させる手段をとったのです。

ところが、兵隊の多くは若くして出征するので、子どもがいない場合が多く、戦死したら無縁仏になる可能性が大きかった。もしそうなったとしても、靖國神社に祀られれば、天皇陛下がいわば永代供養してくれて、その人自身が無縁になる心配はなかった。

だから兵隊たちは「死んだら靖國で会おう」とお互いに言い合い、安心して戦地に赴くことができたのです。靖國神社の存在は、古来の日本人の心性に自然に副《かな》っているのであって、政府が無理やりに押し付けて成立したものではありません。

靖國神社に関して、政府がやるべきことのひとつは、昭和五十年（一九七五）まで昭和天皇によって続けられてきた御親拝を、再び実現することなのです。

「縦の民主主義」

イギリスの小説家・評論家であるG・K・チェスタトンに、『Orthodoxy』（邦訳『正統とは何か』）という著作があります。

彼はそのなかで、「民主主義において、現在生きている人びとの意見を取り入れる民主主義を、横の民主主義という。それにたいして、死んだ人びと（＝祖先）がどのように考えるのかを考慮に入れる民主主義が、縦の民主主義である」という主旨のことを言っています。

ここで言う「縦の民主主義」とは、つまりは「伝統尊重」のことです。いま現在のことだけで物事を判断したり決定したりするのではなく、自分たちの祖先のことも考えるのが、本当の民主主義というものだとチェスタトンは言っているのです。

横の民主主義というのは、例えばスターリンの大粛清や毛沢東の文革などに端的に現れています。昔からの慣習や道徳などを一顧だにせず、すべてを悪弊として断罪する。これでは、戦場で命を落とした兵士はまったく浮かばれません。

靖國には、当時日本国民だった台湾籍や韓国籍の戦没者、終戦時樺太で殉職した女性の電話交換手なども多数祀られています。彼らは、誰かが祀ってあげなければ、可哀相すぎる。靖國神社に祀られれば、天皇と国民によって永代供養されるのです。

先日、対馬で日本海海戦百周年の記念式典があり、私も出席しました。そこにはロシア大使も臨席された。海戦当時、日本人の死者は数十人程度でしたが、ロシア側は約五千人が死んだ。式典では、その合同慰霊祭も執り行われました。そこには日本人の死生観がよくあらわれています。百年前の敵味方同士、恩讐の彼方《かなた》に弔うという思想です。そういう感覚はシナ人には解らないらしい。

中国が、病的に靖國神社について攻めたてるのは、向こうが最初に批判したら、こちらが腰砕けになってしまったのを見て、それにつけこんでいるだけで、国連常任理事国入り云々は関係ないでしょう。

日本と事を構える気のない国は、政府首脳が靖國参拝しても何も文句は言いません。むしろブッシュ元大統領のように、靖國へ参拝したいとさえ言う外国首脳がいるくらいです。

なぜブッシュ元大統領に参拝させなかったのか。そうしていたなら、靖國問題はそこで一気に解決したはずです。それを外務省等の役人たちが止めてしまったと聞いています（このような話はなかったというその筋の否定もあります。しかし、来日するアメリカの軍人が参拝するのは普通のことです）。

靖國問題が日中韓の重要なイシューになっていながら、その火種を消すまいとし、むしろ燃え立たせようとした人たちがいた。これは国賊行為です。そしてそれは朝日新聞の意図に沿った振る舞いでもありました。

そもそも、現在の中国政府はサンフランシスコ講和会議に招請されていません。全く関係なかったのです。日本と戦った蔣介石政府は、サンフランシスコ条約十一条にもとづく戦犯の釈放に同意している。朝日新聞はこれをどう考えているのか。

角栄の切り返しに学べ

小泉首相が靖國参拝しなければ、経済界や常任理事国入りに関して、日本に利することがあるかといえば、私は絶対にないと思う。過去を見ても明らかなように、中国の言い分を聞いて良かったことは何ひとつありません。

その最たる例は、平成四年の天皇訪中でした。中国は昔から朝貢意識のある国です。その国に、天皇を送ってはいけないと反対の声も上がりましたが、訪中によって日中両国のわだかまりもなくなるといったような理由から、けっきょく実現しました。

それで両国がうまくいくようになったでしょうか。尚更こちらが舐《な》められるようになっただけではないか。当時の中国外相も後に回想しているように、天皇訪中によって天安門事件による外交の行き詰まりを打開する意図があったことが判明しています。訪中に賛同した人たちや推進した人たちは、実名を明らかにして責任をとってもらいたい。因みに、そのときの首相は宮澤喜一氏でした。

いまの政治家には、中国や韓国に阿《おもね》らず毅然とした態度をとる人がいなくなりました。かつて周恩来が、「中国は日本を侵略しようとしたことなどない」と言ったとき、田中角栄は「では元寇はどうですか」と切りかえしました。周恩来は何も言えなかったといいます。それでその話は終わりです。政治家、外交官はかくあるべきです。

靖國問題についても、「周恩来も鄧小平も毛沢東も蔣介石も口にしなかったことを、何故あなたがたがいまになって言うのか」と胡錦濤らに言ってみたらいい。どんな返答が返ってくるのか聞いてみたいものです。

【第8章】

東京裁判は日本を蝕む〝梅毒〟だ

長きにわたって日本の精神を毒す

昭和天皇の大喪の礼が執り行われたとき、終戦直後と比べて、不思議な思いをしたことを覚えています。

敗戦の後、昭和天皇は日本各地を精力的にご巡幸されました。未曾有の大戦争が終わって、日本人をはじめ外国人が多く死に、無差別爆撃でいくつもの都市が焼き払われ、あまつさえ原爆まで落とされた。父母兄弟など身内を失った方たちが大勢いた。その焦土のなかを天皇が巡幸されたとき、陛下のまわりには護衛がついていなかったのです。

終戦後の夏を、わたしは故郷の山形で迎えました。中学四年生(旧制)のときです。たまたま川で仲間たちと泳いでいると、土手の向こうに、見たこともない立派な自動車が突如あらわれたのです。昭和天皇のご巡幸でした。みんなでお迎えしようと、全員ランニング・シャツと褌《ふんどし》一丁のままで、少し下流の橋のたもとへ駆けていきました。

御車は橋をゆっくりと渡ってきた。われわれはその御車のすぐ側で出迎えた。狭い土手の上の道である。わたしは陛下に触れようと思えば触れることができたかも知れないが、もちろん触れず、御車に触った。ランニング・シャツと褌一丁でも不敬であるとはまったく咎《とが》められませんでした。

行幸されても、当時は満足な宿泊施設はなく、陛下は県庁の会議室や学校、それもないときは汽車のなかにお泊りになる場合が多かった。街中を歩いていらっしゃるときには、一般庶民に囲まれて、われわれが触れようと思えば簡単に触れることができるくらいの位置をお歩きになった。とても身近な存在でいらしたのです。

そんな懐かしい思い出とは打って変わって、崩御され大喪の礼が執り行われたときの、あの物々しさというのは何でしょうか。テロなどを警戒して、何万人もの警官が配置され、厳重な警戒態勢が敷かれた。

この差はいったい何か。もし昭和天皇に怨嗟《えんさ》があるなら、終戦直後がもっとも強いはずです。そのときに、天皇は警護もつけずにわれわれのすぐ身近にまで近づかれた。時代を経るにしたがい、怨みも憎しみも忘れ去られて、陛下の存在がさらに身近に感じられるかと思いきや、大喪の礼では陛下のご遺体に近づくことなど全くできなくなっていました。

それを見て、戦後日本を変えようとする勢力の考え方が、どんどん進行してきた結果なのだと改めて思わざるを得ませんでした。

靖國神社にも、戦後も天皇はたびたび御親拝されていました。当時誰もそのことに反対した者はいません。靖國問題はひとえに日本の宗教問題ですと、決然と言ってしまえばそれで済んでしまうのです。

前にも述べたように、イラク問題で、アメリカのブッシュ大統領は領土へ進攻こそすれ、彼らの宗教までは口を挟みませんでした。宗教とは、優れてその国自体の問題です。それに対してああだこうだと容喙《ようかい》すれば、国際的にも嘲笑されるだけです。

中国・韓国に向かって、「内政干渉だ」といくら騒いでも効き目はありません。現在国際的には、通貨問題など内政干渉をしてもいいという慣習ができています。ですから、宗教問題として発言しなければ、彼らの難詰《なんきつ》は封じられません。

靖國問題にしても教科書問題にしても、同じ問題がその時々で何度も問題化するたびに、問題自体がより悪質化し根が深くなっていっています。いってみれば、これは昔の「梅毒」と同じ症状ではないか。

梅毒は、まず硬いしこりや発疹ができますが、自然に消失する。三カ月ほどして、発熱やら関節痛、全身発疹等の症状がでます。三年後、全身に硬いコブのようなゴム腫が現れ、十年以上放置すると中枢神経が冒され死に至ります。

もっともいまでは、抗生物質などで完治できるようですが、昔は極めて恐ろしい病気でした。治っては再発し、治ってはまた再発し、しかも前よりも症状はひどくなる。

日本の戦後の思想界には、梅毒のように働く病原菌が巣食っていると考えていいでしょう。その菌は何か。それは東京裁判、あるいは東京裁判史観です。

東京裁判で唯一「日本は無罪である」と述べたインドのパール判事は、「東京裁判は、原爆よりも日本の精神を長き世にわたって毒す」という趣旨のことを言いました。

東京裁判について、日本人はそろそろ決着をつけないと、梅毒の症状はますます進行し、脳に到達するのも時間の問題と言えます。とくにこの黴菌《ばいきん》は教育界を侵していますから、戦後の教育を受けた人たちはすでに梅毒菌を保持しているようなものです。

東京裁判を支持する朝日と中・韓

東京裁判が真っ当な裁判であったなら、われわれは受け入れざるを得ないでしょう。ですが、とんでもない裁判だったというのは、いまや明々白々なのです。それでも東京裁判を支持するのは、朝日新聞と中国、韓国、彼らに同調する人たちなどです。

東京裁判がインチキだということを証明するひとつは、東京裁判の「管轄権」についてです。連合国は、この裁判の法的根源を、昭和二十（一九四五）年七月二十六日、日本に発せられたポツダム宣言に置いています。

そのなかに「俘虜ヲ虐待セル者ヲ含ム一切ノ戦争犯罪人ニ対シテハ厳重ナル処罰ヲ加ヘラルベシ」という条文（第十項）があります。それを根拠として、極東国際軍事裁判（東京裁判）が開かれ、通常の戦争犯罪以外に、「平和に対する罪」「人道に対する罪」といったような戦争犯罪が問われました。

東京裁判は、マッカーサーがつくった「極東国際軍事裁判所条例」に基づいて行われました。しかし、その条例は国際法や慣習法、条約などといっさい無関係であり、ただ裁判を行うという至上命令でした。

裁判冒頭、清瀬一郎弁護人（東條英機被告担当）が代表して、以下のような「当裁判の管轄に関する動議」を陳述したのです。

清瀬弁護人は、世界の文明国が理解している戦争犯罪人の定義とは、①戦闘者の不法行為、②非戦闘者の戦闘行為、③掠奪行為、④スパイ行為、といった概《おおむ》ね四つである。ポツダム宣言当時、その戦争犯罪という概念のなかには、「平和に対する罪」とか戦争を計画・準備・実行した罪といった類の罪の概念は、国際法にも先進国の法律にもなかったという趣旨の陳述をし、この裁判の管轄権《ジュリスデクション》を問うたのです。

東京裁判所は、連合国から裁判せよと命じられていますが、そもそもポツダム宣言の時点で、国際法にない戦争犯罪を裁くことなどできないのです。そういう根本的な欠陥を抱えていた。

前述の清瀬発言にたいして、ウェッブ裁判長は後で回答するとして、裁判をそのまま進めようとしました。するとスミス弁護人が、管轄については速やかにこの場で明らかにできなくてはならず、それができないのであれば、直ちに公訴棄却《デスミス》すべきだとまで言ったのです。しかし、そう抗弁してもけっきょく強引に裁判は進行していきました。

国会は全会一致で戦犯を救済した

どの国際法の条文にも基づいていない犯罪を遡《さかのぼ》って裁こうとするのは、「事後法禁止の原則」に抵触します。事後法の禁止（法の不遡及《そきゅう》）とは、法律は制定以前の事実にたいして遡って適用してはならないということであり、文明国と非文明国とを分ける最も重要な目安のひとつと考えられていました。

「法は遡らない」ことは、法治国家の根本原則であり、これを侵すことはおよそ文明国のやるべきことではありません。日本の封建時代では、殿様が首を切れと命令したら、そうせざるを得なかったのですが、それでは文明国とは認められません。

東京裁判の「諸判決」は日本を侵略国と決めつけて、絞首刑七名、終身禁錮刑十六名、有期禁錮刑二人に処しました。

日本が独立回復した後、日本は侵略国だということを、「日本悪しかれ」と主張する勢力はさかんに喧伝《けんでん》していきました。彼らの特徴は、自分たちの言い分を覆すような点を都合よく省くところにあります。

それは、前章でも述べたように、例えば昨今の靖國神社問題において、朝日新聞や加藤紘一衆院議員が、「日本はサンフランシスコ講和条約で、東京裁判を受け入れた」と主張しましたが、じつは日本は東京裁判の「諸判決」を受諾したに過ぎません。それを「東京裁判自体を受諾した」と彼らは言い募る。まるで条約の第十一条後半を読んでいないかのような不勉強ぶりを見せているのです。

第十一条後半には「諸判決」を停止させる、つまり廃止させる条件がついている。日本はこれに基づいて諸判決を廃止したのです。どの国からも文句は出なかったのです。

このことを朝日新聞などは故意にネグレクト（無視）しているのかもしれない。そして同じように、不勉強な首相も官房長官も「裁判を受諾しました」という旨を平然と言い放ってしまう。

講和条約が成立した後、昭和二十八（一九五三）年第十六回特別国会で、全会一致で改正遺族援護法が成立しました。東京裁判等で戦犯となった人間を、通常の戦死者と同様に扱うことを社会党・共産党を含む全会一致で決定したのです。

日本は侵略国だと認定されて、いちばん喜んだのは共産党をはじめとする左翼の連中でした。戦前彼らは弾圧されましたから、彼らからすれば戦前の日本は悪い国です。

しかし戦前の共産党とは何だったか。すなわちコミンテルン日本支部であり、コミンテルンからカネと指令を受けて日本国転覆を謀《はか》っていた輩《やから》です。

その残党が、公職追放令によって空きができたところに入り込み、戦後アカデミズムやジャーナリズムの世界に浸透していった。日教組という形で教育界にも入り込んだ。その彼らが東京裁判史観という「梅毒菌」を保持しているのです。われわれはそろそろ梅毒を根治する時期に来ています。

私の三段階にわたる「梅毒」根治案

そこで、私は三段階にわたる梅毒根治案というものを考えました。

第一段階は、まず「独立回復記念日」を制定することです。私が見聞きしただけでも、日本がかつて占領され主権を奪われた時期があったということを知らない若者が多い。彼らに日本に主権がなかった時代が、約七年間（一九四五年八月十四日〜一九五二年四月二十八日）も存在したことを知らしめなくてはなりません。幸いにして、独立回復記念日は四月二十八日ですから、制定されればゴールデンウィークが延びるので誰も反対しないでしょう。

彼らに主権がないということは、どういうことかも教えてあげなくてはいけません。大使館を持てない、国旗掲揚・国歌斉唱ができない。輸出入については、占領軍の許可をもらわなくてはならない。徹底的な言論統制が敷かれる。あらゆる法律は占領軍の許可や命令などがなければ制定施行することができない。

憲法も例外ではありません。日本に主権がないときに、主権の意思が発動されてつくられるべき憲法が成立したというのは（公布は一九四六年十一月三日、施行は翌四七年五月三日）、まったくの詐欺に等しいと言えます。

その詐欺ぶりがいちばんよくあらわれているのは、巷間に言われる第九条ではなく、じつは憲法前文です。日本にはいまだに主権がないことを如実に書いている重要な文章なのに、誰もあまり取り上げません。

憲法前文にはこうあります。

「日本国民は、恒久の平和を念願し、人間相互の関係を支配する崇高な理想を深く自覚するのであって、平和を愛する諸国民の公正と信義に信頼して、われらの安全と生存を保持しようと決意した」(傍点渡部)

日本以外の国々は、すべて平和を愛する国だと勝手に決めつけているに等しい。国民の安全のみならず、生存まで他国に預けるというのは、この国には主権がないということです。こんな明確な主権否定の言葉はありません。

また、憲法の公布文には「朕は日本国民の総意に基いて新日本建設の礎が定まるに至ったことを深くよろこび」云々という勅語がついている。勅語は当然書かされたものであって、「国民の総意」などありませんでした。占領当時、憲法を議論することは厳に禁じられていましたから。

五月三日は憲法記念日ですが、むしろ「憲法恥辱の日」と言い換えたほうがいい。主権が奪われたまま、主権の発露でもない憲法を憲法として押し付けられた恥ずべき日として記憶し、思い出す日にする。

日本の憲法が主権の発動でないいちばんわかりやすい例は、その新憲法なるものが制定されたあとで、日本国内で憲法及びそれに基づく刑法に依らないで死刑にされた日本人がいっぱいいるわけです。東條大将以下日本国内で、日本人が憲法に依らずに殺されているわけです。主権がないいちばんの証左でしょう。

真相黙殺「井伏鱒二現象」

第二段階では、東京裁判の実体が、いったいどんなものだったのかを教えるようにします。通常の裁判では、管轄権の範囲が定まらない裁判はすぐに公訴棄却されるのに、東京裁判は、国際法にも依らない、管轄権も不明なままに行われた裁判でした。

極東国際軍事裁判所を設置し、判事たちを任命したのは連合国軍最高司令官マッカーサー元帥です。

そのマッカーサー自身は、アメリカ本国に呼び戻されて、昭和二十六(一九五一)年五月三日、アメリカ合衆国議会の上院軍事外交合同委員会で、極めて重要かつ決定的な証言をします。

アメリカの上院は、「盲腸」と揶揄《やゆ》される日本の参議院と違って、各州の代表として選出されてきた議員によって構成され、「各州共通の関心事」を論じます。何を主として論じるかというと、軍事と外交なのです。ですからアメリカ上院の軍事外交合同委員会というのは、一番権威のある委員会の一つであると言われる。

その場でマッカーサーは決定的な証言をしたのです。

ヒッケンルーパー議員の質問にたいし、

「日本は八千万に近い厖大な人口を抱え、それが四つの島の中にひしめいているのだということを理解していただかなくてはなりません。その半分近くが農業人口で、あとの半分が工業生産に従事していました。（中略）

日本は絹産業以外には、固有の産物はほとんど何も無いのです。彼等は綿が無い、羊毛が無い、石油の産出が無い、錫《すず》が無い、ゴムが無い。その他実に多くの原料が欠如している。そしてそれら一切のものがアジアの海域には存在していたのです。

もしこれらの原料の供給を断ち切られたら、一千万から一千二百万の失業者が発生するであろうことを彼らは恐れていました。

したがって彼らが戦争に飛び込んでいった動機は、大部分が安全保障上の必要に迫られてのことだったのです」（小堀桂一郎編『東京裁判　日本の弁明』講談社学術文庫より抜粋）

と、答えている。

つまり、日本は「自衛のために戦争をした」とマッカーサーは証言したのです。こんな重要な発言を、当時報じたマスコミは皆無でした。その証言があったときは、日本はまだ占領下でしたから、検閲される恐れがあったかもしれないが、占領が終わった後でなぜそれを伝えなかったのか。当時の日本人がいちばん聞きたかったところを、マスコミはどこも報じてはくれなかった。

この現象を、私は「井伏鱒二現象」と名付けています。作家・井伏鱒二最大の傑作と言われる作品に『黒い雨』(新潮文庫)があります。「原爆文学」の最高峰に位置づけられ、井伏が文化勲章を受章するきっかけになった作品です。ですがこの『黒い雨』は、重松静馬という人物が書いた『重松日記』の剽窃《ひょうせつ》だったことが、猪瀬直樹氏『ピカレスク』(小学館刊)のなかで暴かれています。

それだけでなく、井伏の最初の作品『山椒魚』がロシアの風刺文学作家サルティコフ＝シチェドリンの『賢明なスナムグリ』にそっくりなことを明かし、「さよならだけが人生だ」という漢詩の訳文など、井伏の作品の多くが盗作やリライトだったことも明らかにしています。

これだけのことが書かれているにもかかわらず、このことは文藝雑誌や文壇からは無視あるいは黙殺されてしまったのです。朝日新聞などは、作家による盗作が露見するとこれでもかと書きたてるのに、指弾しませんでした。ＮＨＫも民放もどの新聞も問題にしませんでした。文献学者の谷沢永一氏は、猪瀬氏の主張を再検討し、それが事実であることを論文にしましたが、どこの文藝誌も採用しなかった。それで小説とあまり関係のないＰＨＰ研究所の月刊誌『Ｖｏｉｃｅ』に出ただけです。

思うに、もしこのことを取り上げて検証したならば、井伏氏に文学賞などを与え「井伏神話」をつくってきた人たちの面子が立たないからでしょう。

マッカーサーの証言が黙殺されたこともまさにそれと同じことで、ですから「井伏鱒二現象」だと言ったわけです。しかしマッカーサー証言黙殺については、井伏氏の行為よりも、何百倍もの害悪と禍根を残しました。

黙殺されたまま、今日まで日本人のほとんどが知らない一方で、「日本悪しかれ」史観の立場に立つことで、出世したり利権をむさぼりつづける大学教授ら知識人やジャーナリストたちが平然といるわけです。この輩にとっては、東京裁判を命じた張本人であるマッカーサーに、「日本は自衛のために戦争をした」と言われてしまったら、面子が立たないどころか自分の社会的立場が危うくなってしまう。だから世に知らしめることをしなかったのでしょう。

マッカーサー証言をTV放映せよ

第三段階としては、そのマッカーサー証言を日本に広く知らしめることです。「梅毒」は長い時間をかければ治るでしょうが、病原菌が脳に到達しないうちに治さなければなりません。

ですから、NHKがゴールデンタイムに、「マッカーサー一代記」を製作し放映することを提案したい。

マッカーサーは、第一次大戦では数々の戦功を重ね、五十歳で史上最年少で陸軍参謀総長に任命されるなど、目覚しい昇進を遂げました。その後、彼はアメリカ極東陸軍司令官として対日戦を指揮することとなりますが、バターンとコレヒドールで日本軍の猛攻を受け、部下の将兵数万人を置き去りにしてオーストラリアに一時的にせよ、撤退する屈辱を味わいます。

やがて、ニューギニアから島伝いに北上する対日反攻を展開、結果として「アイ・シャル・リターン」という有名な言葉通り、レイテ島上陸を果たしました。そして、日本の敗戦に際しては連合国最高司令官を務め、公職追放、憲法改正、財閥解体、農地改革などの占領政策を実施していった。

一九五〇年一月、アチソン米国務長官（当時）は「西太平洋におけるアメリカの防衛線は、アリューシャン列島―日本―沖縄―フィリピンを結ぶ線である」と演説しました。台湾、韓国は防衛ラインから除外されていたわけです。この声明が、朝鮮戦争勃発の原因と言われていますが、国連軍総司令官として国連軍を指揮したマッカーサーには、東京裁判で日本側弁護人が縷々《るる》述べていた共産主義国の脅威ということがよく解ったのでしょう。戦争収拾方法をめぐって、主戦論派だったマッカーサーは、トルーマン政権と対立し、けっきょく解任され、本国に召還されます。そして、上院軍事外交合同委員会で前述の証言をするわけです。

そのシーンまでを放映するのです。最後のシーンは、くだんの「日本は主として自衛のために戦争をした」という台詞を述べるところで終わるという構成にする。その効果たるや覿面《てきめん》なはずです。

日本人ひとりひとりに、彼の述べたことが伝われば、日本の思想界や教育界、あるいは政治外交といった分野を、長い間侵してきた「梅毒」は完全に治るに違いありません。

もしＮＨＫがこの放送をやりたがらなかったら、全国民が受信料不払い運動でもやるべきでしょう。

【第９章】

人を喰う中国人に喰われるな

隷属を強いられる「友好」

国同士の「友好はいいことか」と問われることは、「平和はいいことか」と問われることと同じで、「平和はいい」と答えるしかありません。

ただし、一口に平和と言っても平和の種類には、「奴隷の平和」もあれば「属国の平和」もあり、「滅亡の平和」もあり、いろいろな「平和」があります。やはり国家の繁栄に通じ、そこに暮らす人びとが自由を謳歌《おうか》し、富を享受できる平和でなければ、平和であることの意味はありません。

「友好」もそれと同じで、国同士の関係にあっては大切には違いないのですが、その中味の吟味《ぎんみ》が必要です。とくに日本と中国の関係では、「友好」という言葉は普通の意味では用いられておらず、何でも中国の言い分をハイハイと聞くことが「友好」であると思われている。中国の誤りやウソ、犯罪などを日本が指摘すれば、それだけで友好関係に亀裂《きれつ》が入ったなどと言い返される。先方にとって都合の悪いことに言及することは、日中間においては友好に反することであり、平等な対話をしないことが、日中間の友好なのです。

近代国家は、お互いに平等の立場で付き合うのが原則であり、奴隷のごとき一方的な関係の上に築かれた平和が平和でないのと同じように、日本が中国に隷属的行為を強いられる友好は、真の友好ではありません。

そして、こちらが何か口にすると、中国は先の戦争のことを持ち出してきます。戦争はいかなる形ではじまり、いかなるプロセスを経たにせよ、講和条約が締結されれば、それで一切過去については不問となり、その後はお互い平等な関係であるべきです。もちろん戦争には勝ち負けがあるのですから、条約の内容は不平等なものにならざるを得ません。領土を取られたり賠償金を課せられたりする。しかし講和条約締結で、すべては終わりになるはずなのです。

ところが、中国は先の戦争について、日本が一方的に悪者であり、末代までその責任を背負えと言わんばかりの態度をとっています。先の戦争に関する認識を改めてもらわなければ、日中両国間には、普通の友好関係を築くことはできません。

われわれが中国にたいして罪悪感を感じるのは、主には「シナ事変」と「満洲事変」と「南京事件」についてでしょう。その罪悪感を払拭しない限り、中国との友好の第一歩は踏み出せません。

早く撤兵したかったシナ事変

東京裁判でも、シナ事変の開戦責任を日本に問うことはできませんでした。問おうとしてできなかった。盧溝橋事件の関係者は召喚されましたが、間もなく釈放され、一人も刑を受けていません。これは、日本がはじめていないと証明したに等しい。

今日《こんにち》では、昭和十二（一九三七）年七月七日の盧溝橋事件は、共産軍が国民政府軍に紛れて発砲したのだというのが、ほとんどの研究者の一致した意見です。

国民政府軍も日本軍も、何か不可解なことが発生したのだというお互いの認識があったのでしょう、数日後には現地で調停が成立しました。その関係が決定的に悪くなるのは、同年七月二十九日に起きた通州事件です。約二百人の日本人が虐殺された。一気に北シナの情勢が悪化し、日本国民も大いに憤りを感じたのです。

八月十三日、第二次上海事変が起こります。その様子は、トレヴェニアンの『シブミ』（菊池光訳、ハヤカワ文庫）という小説に詳細に描写されていますが、蔣介石は日本を戦争に導引するために、シナ人が多くいる百貨店すらも爆撃した。

そのまえから、上海付近には、トーチカ（コンクリートで作ったお椀のような機関銃ポスト）

やクリーク（小運河）を張り巡らせて、日本軍の援軍を待ち構えていました。トーチカという発想は、それまでの東洋にはなく、あらかじめそこで戦争をする気がなければ、何故そんなものをつくったのかと指摘できるほどですが、これはファルケンハウゼンという元ドイツ参謀総長の入れ知恵と言われています。

そのとき、上海の居留民保護のために駐屯している軍隊は、「陸戦隊」という海軍の水兵で組織された部隊だけでした。陸戦隊と言っても、アメリカの海兵隊とは異なり、戦闘に特化された部隊とは言えず、むしろ警備隊に近かった。彼らにたいして、蔣介石率いる正規軍三個師団の精鋭が襲い掛かってきたのです。鉄砲と機関銃しか持たない陸戦隊が、最新兵器を装備した正規軍の大軍にたいしてこちらから戦いを挑むということはあり得ない。

ライシャワー元駐日大使も、本当のシナ事変のはじまりは、第二次上海事変だったと言っていたと聞きました。そういう経緯があるので、第二次上海事変は日本がはじめたとは、さすがに東京裁判でも証明できませんでした。

上海での中国軍の勢いは激しく、少人数の陸戦隊は非常な苦戦を強いられました。日本陸軍は海軍の要請により同月二十三日、増援部隊を上海に上陸させた。これにより蔣介石は対日全面抗戦を宣言。戦闘は華北だけでなく、江南地方にも拡大し、九月二日には、それまで北支事変と呼んでいた武力衝突を、シナ事変と呼ぶようになったのです。

上海地区では十五万人のシナ軍が、トーチカとクリークを利用して戦いました。これだけの準備をして日本軍を誘い込んだとも言えましょう。

その後一年くらい経ちますと、日本軍は主要な都市を占領しましたが、陸軍にはなるべく早くシナから引き揚げたい気持が強かった。陸軍は、侵略の急先鋒だとよく言われますが、陸軍の本当の敵はソ連軍です。ソ連は、二十個師団に相当する強力な軍隊、しかも機械化部隊を満蒙周辺に展開できるまでになっていました。これにたいして、満洲事変の頃までは日本は関東軍の一個師団と独立守備隊六個大隊しか対峙《たいじ》させることはできなかったのです。

ですから、南京陥落を果たしたものの、陸軍参謀次長の多田駿《はやお》は、シナとの戦いを即刻止めなくてはいけないと強く主張しました。しかし近衛首相が、「蔣介石（国民政府）を相手にせず」と表明してしまったために、泥沼にはまってしまったのです。

近衛首相自身は愛国心のある人でしたが、その取り巻きには共産主義者とそのシンパが多くいました。彼らは、後に昭和二十年の近衛上奏文で指摘されているような、右翼と言ってもいいし左翼と言ってもいい、つまり右翼と言っても要するに国体を振りかざす共産主義者でした。とにかく日本を社会主義国に変えなければいけないと思い込んだ連中です。

そして彼らは、ひとたび戦争がはじまれば、どんな法律でも成立可能であることを知りました。シナで戦端が開かれるやこれ幸いと、負けるはずのない戦《いくさ》をだらだらと続けさせて、日本を社会主義国家として変革しようという野望があったと推測されます。それは昭和十三（一九三八）年以降の法律を見れば明らかです。怒濤《どとう》のように社会主義立法が続きます。

近衛首相はナイーブでしたから、彼らの意見を聴く耳を持っていました。その結果踊らされて「蔣介石を相手にせず」と言ってしまった。では相手にせずで、一体どうするつもりだったのか。私は今もってその問いに納得するだけの答えが書かれている文献を見たことがありません。

当時、汪兆銘はまだシナ事変には登場していない。そういう状況からすると、近衛の周囲の人間たちは、ただただシナでの戦争を続けたかったと推測せざるを得ません。

しかし、じっさいに戦闘を行っている陸軍は、早く撤兵したくて、中央にたいして即時停戦を要求していた。それを第一次近衛内閣は道理よりも恫喝《どうかつ》によって、多田の主張を退けたのです。「今、戦争を止めたら内閣が潰れる」という理由でした。これが悲劇のもとだったのです。

陸軍はあたかも自ら欲して、シナでの戦線拡大をしたように思われていますが、もともと計画してやったことではないのです。昭和十三年秋までには、シナでほとんどやることはなくなっており、そのままあの広大な大陸に、せいぜい八十万人程度の軍隊が昭和二十年まで展開していました。ただ昭和十九（一九四四）年になってから、アメリカの日本空襲基地になる可能性のある地域の攻撃を目的として、大陸打通《だつう》作戦が行われました。

シナ事変をはじめたのは中国側で、泥沼に引きずり込んだのはアメリカとイギリスでした。これは『大東亜戦争の真実　東條英機宣誓供述書』（ワック出版刊）にも詳しいですが、汪兆銘が登場して南京政府を作ってからも、蔣介石が重慶に引っ込んだまま出てこなかったのは、米英が援助していたからです。

東條自身も受け身でこの戦争が始まったと証言しています。しかしこれを無理に収束させてしまえば、第二第三のシナ事変が起こる可能性が充分にあり、軽々に撤兵できなかったのです。今、アメリカもイラクからなかなか撤兵できません。

東京裁判の法廷に立ってほしかった一番の人物は、近衛首相でした。そうなれば、社会主義のためにシナ事変の収束の邪魔をした彼の周囲の人間が徹底的に調べられ、奸臣《かんしん》ぶりが炙《あぶ》り出され、彼らはその後活動ができなかったでしょう。

満洲国は侵略ではなかった

もうひとつ、満洲事変について言えば、既に何度か触れましたが、敢えて繰り返します。満洲国は日本が侵略してつくったのではありません。

十六世紀末に、明の支配下で、満洲に住む女真《じょしん》族の統一を進めた愛新覚羅《あいしんかくら》氏のヌルハチ（太祖）は、一六一六年明から独立して後金国を建国します。これがのちに清の太祖と言われた人物です。ヌルハチの子、ホンタイジ（太宗）は山海関以北の明の領土と内モンゴルを平定し、国号を大清に改め大清皇帝として即位するとともに、女真の民族名を満洲に変更しました。

この太宗の子・世祖は、李自成の乱によって明が滅んだので、この機に山海関以南に進出しました。こうして一六四四年に清は都を奉天（瀋陽）から北京へ移し、シナ支配を開始（清の入関）。そして、一九一一年の辛亥革命に至るまで、シナ最後の統一王朝としてシナを支配しました。

ということからも解るように、清国は満洲人の帝国であって、シナ人は被征服民族です。

この関係が解らないと、シナにたいする認識は誤魔化されてしまいます。

　近代になると、清国は力を落とし、ロシアの言いなりになってしまう。日露戦争前は、満洲全土と遼東半島は実質的にロシア領でした。それを取り返すために、清国は何も為すことができなかった。日本は日露戦争という大犠牲を払って、満洲を清国に取り戻してやった。その見返りとして、ロシアが持っていた旅順、大連の租借権や長春〜旅順間の鉄道などの権利を清国政府が日本に移転譲渡した。

日露戦争の勝利が、世界中の有色人種のあいだに、白人にたいする独立の気運を高めたというのは世界史的な見方です。その影響力がいちばん色濃く出たのが、シナでした。隋の時代以来、それまでの中華文明の主柱ともいうべき科挙制度を一九〇五年に廃止し、代わりに科挙を受験するエリートたちを日本へと留学させ、それを高級官僚への道としたのです。

　彼らが、中国に舞い戻って革命運動を惹起しました。その革命とは、「滅満興漢」すなわち異民族王朝である清の支配から脱して、漢民族の復権を目論んだものでした。天地会や太平天国などの反政府的秘密結社では、この言葉をスローガンとして掲げたのです。「革命」とは言うものの正確に言えば、被征服民族のシナ人が、征服民族である満洲人の王朝に対して独立運動をしたことです。

革命を起こされた側の清朝の「ラスト・エンペラー」宣統帝溥儀《ふぎ》は、しばらく紫禁城に住んで、後にそこを出、北府に住んでいたが、殺されかかって北府を脱して、日本公使館へと逃げ込んだ。そして、自らの父祖の地である満洲への帰還を望み、そこの皇帝となることを願ったのです。

溥儀は満洲族直系の皇帝です。彼は満洲人による満洲人のための満洲国を作りたかったが、それを実行できるだけの能力と資金がないから、日本が「内面指導」したのです。傀《かい》儡《らい》政権と言われるが、大臣宰相に就いたのはすべて満洲人かあるいは清朝の遺臣でした。

国際的にも、満洲国は日本の他に、蔣介石が「塘沽協定《タンクー》」（一九三三年）を結び、満洲国建国を認めています。一九三二年には国際連盟で否認されたとはいうものの、第二次大戦の終結以前に満洲国は、二十三カ国の承認を受けていたのです。

満洲事変については、南次郎陸相は関東軍の自衛行為と強調しましたが、幣原《しではら》喜重郎外相は関東軍の謀略なのではと外交活動による解決を図ろうとしました。しかしその見方は間違っていて、石原莞爾や板垣征四郎たちのほうが事態の把握は正確だったのです。

東京裁判では、石原莞爾を戦犯容疑者として召喚しませんでした。それは呼べないでしょう。なぜなら、前述したような満洲の歴史を、彼は滔滔《とうとう》と述べるでしょうし、そうされたら東京裁判自体が成立しないからです。

根拠なき罪悪感

日本が満洲を侵略したというのは、まさにモスクワのコミンテルンと、シナ人のナショナリズムの勝手な主張の産物だということができます。

満洲自体は、日露戦争後はシナ全土やソ連と比べて平和な土地でした。治安は大幅に改善され、シナからの流民が毎年百万人単位で流入した。一般人にしてみれば、関東軍が駐留しているということは、匪賊がいなくなることですから、大いに助かったのです。地元の軍閥長だった張作霖は元来馬賊出身で、日本とも友好関係を築いていました。

ところが、ロシア革命後、満洲の治安は悪化し、共産主義が入り込んできました。シナ大陸全体に関するコミンテルンの方針は、シナ人のナショナリズムに火をつけて、それまで入り込んできた外国の勢力を追い払うというもので、イギリスまでもが敵と見做されるようになってしまったのです。

南京事件(一九二七年三月二十四日発生)では、日本だけでなく、他の外国公使館も襲われています。森岡領事は病床にあったが、日本領事館を襲ったシナ兵によって、その寝巻、寝具まで剝ぎ取られた。イギリス、アメリカは揚子江の軍艦から攻撃などしましたが、日本は無抵抗主義を貫きました。

それ以後、中国は無抵抗だった日本だけに的を絞ってくるようになりました。その事件を指導したのがソ連のコミンテルンの人間だったので、ソ連から見れば極東アジアの共産主義の敵は日本ですから、そこに的を絞れと指導したとも推測できます。あるいはまた、日本が抵抗してこなかったのを、シナ軍は弱みと見て取ったのかもしれません。

このころから張作霖が満洲でどんどん増長していきます。張作霖も自分はシナ人という意識があったのでしょう、満洲は全部お前のものだと耳元でささやかれると、そこに住んでいた日本人にたいして、不買運動を起したり、婦女子に嫌がらせをしたりした。張作霖を助けていた日本軍は彼の不信に怒り、彼を爆死させます。張作霖の地盤を継いだ息子張学良が満洲にとどまってくれれば、日本は協力関係を築くつもりだったのですが、彼は満洲はシナであるという主張をしはじめ、遂には青天白日旗（中華民国の国旗）を立て、抗日運動へと転じました。

日本政府は、満洲をめぐる危機感が薄かった。幣原外相は親米的で好人物と言われていますが、彼の大陸政策はすべて間違っていました。例えば、関税自主権を中国に付与しようと主張しましたが、国家としてまだ体裁の整っていない国に自主権を与えたら、貿易など成り立たなかったはずです。彼は時代の流れから数歩進みすぎていたと言うべきでしょう。

西原借款（寺内内閣が当時の中国政府に与えた貸出し。大部分は回収できず、日本国民の負担となった）の例を見ても解りますが、シナには良いことをやっても効き目がないばかりか、シナ国民の侮《あなど》りを受け、却って反日運動を招いただけです。

幣原にアメリカときちんと話をつけられる力があるのであれば、彼の言うことに軍部も耳を傾けたでしょう。ですがアメリカときちんと交渉できず、絶対的排日移民法を押しつけられた上に、日英同盟を解消させられる下手を打ちながら、どうしてアメリカに頭を下げているのか。ここで満洲国をつくらなければ、日本の生命が危ういということで、満洲事変を起こし、満洲国の独立を助けたのです。そのことは溥儀を喜ばせ満洲人たちに感謝されました。まったく恥ずべきことではありませんでした。

にもかかわらず、東京裁判では、当時の状況や満洲国建国の背景を説明できないような人物ばかりが法廷に立たされたのです。満洲国皇帝であった当の溥儀にいたっては、ハバロフスクで捕らえられており、ソ連に脅されて、命の代わりに偽証までしたのです。

以上のようなことが、今の中国にたいする罪悪感として、残念なことに日本人の意識の中に植えられてしまっています。「シナ事変」も「満洲事変」も、中国に罪悪感を抱く必要はまったくない。

このように、知識を踏まえない「友好」は、単に日本が中国の奴隷になってしまう友好に終わる恐れが大きいのです。外務省のチャイナ・スクールの面々には、「清国の歴史を説明してみろ」と声を大にして言いたい。そして国民を広く再教育して、その二つの罪悪感を払拭すべきです。

食人肉風習のＤＮＡ

正しい歴史を踏まえた友好も大事ですが、もうひとつ注意しなければならないのは、シナ人の基本的な性格でしょう。

日本の経済界は、今、中国にたいして色目を使っています。今、中国経済はぐんぐん伸びていますが、あちらは共産主義国の一党独裁、人治国家です。資本主義の論理も定まらず、まともな統計資料もない、情報管理も甘い。

私の見聞きしたところ、彼らの不信義によって、大きな損失を出している企業が非常に多いようです。経済人ならば、友好とカネとは別物であることは充分ご承知でしょうが、気がつけば中国にむしり取られてスッテンテンになる位の覚悟が必要です。

日本は藤原惺窩《せいか》以来、漢学者の中国にたいする「聖人の国」幻想が根強かった。山崎闇《あん》斎《さい》の弟子・佐藤直方《なおかた》などは「日本では、信長も秀吉もみな人殺しをして偉くなった。シナとは違って、日本には聖人がいない」というようなことを言っていますが、そういう考え方が儒学の世界ではもともと強かった。

ですが、年来の私の持論に「傑出した偉人を生んだ国は、その偉人やその思想と正反対の風土である」というパラドクス（逆説）があります。キリスト教しかり、仏教しかり、いわんやシナにおける儒教をや、です。キリストの生まれたパレスチナあたりは、旧約聖書の時代から民族虐殺が続いた地域です。そこでキリストは、平和と「敵を愛する」ことを説いた。インドはカースト制の国です。そこで釈迦は「悟り」の道を説いた。そして孔子が仁や礼を説いたのは、シナ全土があまりにもその思想と無関係の人間たちに溢れかえっていたということを意味しているのではないでしょうか。

東洋史の泰斗《たいと》であった、京都大学教授の桑原隲蔵《じつぞう》（仏文学者・桑原武夫の父）は、「支那人の食人肉風習」という画期的な論文を書いていています（『桑原隲蔵全集第一巻　東洋史説苑』岩波書店）。シナでは皇帝から庶民に至るまで、古来人肉を食べるという習慣や趣味があったことを紹介しています。

博士はその文の最後で、「日支両国は唇歯相倚る間柄で、勿論親善でなければならぬ。日支の親善を図るには、先づ日本人がよく支那人を理会《原文ママ》せなければならぬ。支那人をよく理会《原文ママ》する為には、表裏二面より彼等を観察する必要がある。経伝詩文によつて、支那人の長所美点を会得するのも勿論必要ですが、同時にその反対の方面をも、一応心得置くべきことと思う。食人肉風習の存在は、支那人に取っては余り名誉のことではない。されど厳然たる事実は、到底之を掩蔽《えんぺい》することを許さぬ。支那人の一面に、かかる風習の存在せしことを承知し置くのも亦、支那人を理解するに無用であるまいと思ふ」とあります。

現在その風習が一般的ではないにせよ、その軍備ひとつとってみても、世界中で毎年十数パーセントもの軍備拡張をしている国は中国のほかに見当たりません。

しかも具体的な敵が存在するわけでもないのに、江沢民の時代から、軍事力を増強して積極的に海洋進出を行っています。尖閣諸島は自国の領土だという発言も聞こえます。海洋進出の先に、わが国があるとしたら、これこそ「食人肉風習」のＤＮＡが成せる業かもしれません。

中国と友好関係を結ぶには、中国から侵略されないという具体的な力を持ち、なおかつ歴史的劣等感を持たないという、実体と心の対応策を持たなければいけません。でなければ、徒《いたずら》に友好友好と口にしても、無駄というよりむしろ危険なだけです。

【第10章】
脈々と続く朝日新聞反日の源流

何が「反日を煽る人びと」を育て上げたのか

朝日新聞の新党結成に関する捏造報道（郵政民営化をめぐって、自民党非公認になった亀井静香氏と当時の長野県知事田中康夫氏が新党を立ち上げる噂を裏付けるかのような取材虚偽メモを記事にした）や、「百人斬り」訴訟裁判の一審判決（百人斬りをしたとされた将校の「遺族が、名誉毀損だとして訴えたものの敗訴）とその報道ぶりには、大変驚くと同時に呆れてしまいました。

捏造報道自体は、新聞記者としての職業倫理を問われるとんでもない問題でありました。「百人斬り」報道も浅海一男記者が「あれは戦意高揚のためのヨタ記事でした」と正直に言ってくれれば、それで済んだ話だったのです。こんなことは二度と起こってはならない事件です。

これまでにも、朝日新聞は日本軍の毒ガス作戦をデッチ上げたり、従軍慰安婦や教科書問題、今年になってからはＮＨＫの番組改変問題といったように、ウソを書く、うやむやにしてしまう、記事が間違っていても訂正したり取り消さないといった例は多数ありました。こういう報道で日本を貶《おとし》め国益を損ね続けているにもかかわらず、平然としている新聞は、諸外国にもないのではないか。

それよりも、日本の国益を損ね将来に大きな禍根を残してしまった記事が、朝日新聞によって過去幾度も繰り返されてきたことこそ問題視しなくてはなりません。

社説のような新聞社の主たる論調において、朝日には「日本悪しかれ」史観「中・韓良かれ」史観がいまだに根強く見受けられます。それに従うのなら、根拠のない噂話でもしつこく書き続ける。日本のためになることは、本当であっても書きたがらない。

要するに「日本悪しかれ」思想、すなわち日本を貶める思想に貫かれているのです。日本を愛するがゆえにわれわれは自分の国を批判することがあります。それにたいして異なる意見があるのはけっこうですが、戦後のある時期から朝日は終始一貫して「日本悪しかれ」史観から物事を眺めて書いています。

朝日新聞をはじめ、左翼ジャーナリズムやいわゆる進歩的文化人、日教組といった「反日を煽る人びと」の源流は那辺にあるのでしょうか。

ひとつは、戦前の日本に反感を持っていた人たち。その代表は何と言っても共産党とそのシンパや同調者です。彼ら以外には「日本悪しかれ」と願う人間は、日本列島には例外的にしか見当たりません。

もうひとつは、ＧＨＱ（連合国軍最高司令官総司令部）の初期の占領政策です。当時のアメリカはフランクリン・ルーズベルト大統領の民主党政権であり、政権内部は共産党とそのシンパの巣であったことが最近になって解ってきました。

占領軍民政局のケーディスらが、いかに日本の左翼化をすすめたかは最近出た白洲次郎の伝記（北康利『白洲次郎　占領を背負った男』講談社）にも具体的に描かれています。

帰国後、ケーディスが国務省にジョージ・ケナンを訪ねた時、ケナンはケーディスに向かってこう言ったそうです。

「あなた方は、日本を共産主義にしてソ連に進呈しようとしていたのだという噂もありますよね」（同書二六三ページ）。ケナンは「封じ込め政策」によって、ソ連崩壊の道筋をつけた大外交官です。

戦前の共産党の思想と初期占領政策。この二つが日本に「反日を煽《あお》る人びと」とその思想とを育て上げたのです。

戦前の共産党というのは正式には「コミンテルン日本支部」です。彼らはコミンテルンから指示とカネとをもらって、その命令のままに革命によって日本国を転覆せんと画策していました。例えば皇室の廃止や軍隊・警察の廃止などといった指示のテーゼを受けていました。

戦前の日本で、皇室廃止と謳《うた》うのは、日本人なら到底思いもつかないことです。戦前の共産党のシンパや同調者にはコリア系の人間が比較的に多かったのが特徴です。共産党は、そのテーゼを実行すべくスターリンからカネと指示とをもらう人たちの集団でした。そんな彼らの行動を政府が黙って見過ごしていたら、それは明らかに政府の怠慢に他なりません。

朝日に継承された反日思想

そうして大正十四（一九二五）年に、国体（皇室尊重）や私有財産制を否定する運動を取り締まることを目的として、治安維持法が制定されます。右翼のテロ（彼らも過激な社会主義者だった）とともに共産党活動が取り締まりの対象となりました。

既に述べたことですが、戦後、治安維持法は悪法の典型と言われました。もちろん取り締まられたほうからすれば、とんでもない悪法だったでしょう。しかし維持法の取り締まり対象が何だったかを考えてみれば、つくられて当然の法律です。

制定当初は、まだ死刑がありませんでした。しかし共産党が、テーゼを実行すべく暴力を繰り返すことは明らかでしたし、不敬罪というものがありましたから、昭和三（一九二八）年の改正では死刑が最高刑になります。

ですが、治安維持法で死刑になった人間はいません。作家の小林多喜二が、同法で逮捕され拷問を受けて築地署内で死んだのは有名ですが、裁判で死刑宣告を受けたわけではないのです。

一方で、取り締まる側の警官のほうは、共産党員逮捕のときに死んだり重傷を負ったり、なかには廃人になる者もいた。その数は五十人はくだらないと言われています。共産主義者たちは暴力主義を標榜《ひょうぼう》していたこともあって、党の幹部らはピストルを携帯していた。それに比べ当時の警察はいまよりも穏やかで、取り押さえるのが建前なので、拳銃を使うことはせず、まず逮捕しようとしました。ですから警官の犠牲者も多かった。同僚の多くがそんな目にあっているのですから、警察での取り調べも自然と厳しくなったケースもあったと考えられます。

ところが治安維持法で捕まっても、日本には「転向」という、世界に類を見ない免罪符があります。共産党のどんなに高いポストに就いていようとも、転向すれば咎《とが》められない。

はたしてソ連の共産党思想のもとでは「転向」は認められたでしょうか。わずかでも疑惑があれば直ちに粛清されるというのは、スターリンがやってきたことを見れば明白です。さらに日本では、死刑判決を受けても、国家の慶事があれば恩赦・特赦がなされたのです。転向した人間は、たいてい右翼的になります。ところが彼らは、社会主義的な発想からなかなか抜け出せない。やがて彼らの思想は国家社会主義に行き着くのです。そういう意味では、戦前の右翼と左翼は共通しているとも言えましょう。

井上日召《にっしょう》の「一人一殺主義」、五・一五事件、二・二六事件を見ても解るように、彼らの運動は天皇と彼らとの間にある社会の階層を一気になくしてしまおうという思想に基づいていています。彼らのプログラム（行動計画）から言えば、天皇や皇室を除けば左翼の思想とほぼ同じなのです。北一輝の『日本改造法案大綱』や、大川周明の猶存社《ゆうぞんしゃ》のプログラムなどを見ても共産党の発想ではないかと見紛《みまご》うばかりで、その違いは天皇を認めるか認めないかという点ぐらいです。

彼ら国家社会主義者たちの言動こそが、日本を戦争に導いたのではないかと思います。代議士や重臣は「そんなことをやっていれば、また二・二六事件が起こりますよ」と一言耳元で囁《ささや》かれれば、誰もが軍部の言いなりになって、議会が麻痺し、彼らの行動を抑止できなくなっていった。

東條英機が総理大臣に抜擢された理由のひとつには、国家社会主義者によって煽動される軍の内乱を抑えることができるのは彼くらいしかいない、という判断もありました。しかし結局のところ、それでも開戦は防げなかったのですが。

「反日」、とりわけ皇室廃止に賛成するという発想は、普通の日本人にはあり得ません。日本のオリジナルな思想ではないのです。戦前のコリア系の共産党員の人たちでなければ、この種の反日思想は思いつかないでしょう。そしてそれが、なぜか朝日新聞に脈々と継承されている。

日本の復讐を怖れたアメリカ

敗戦が決まると日本には進駐軍が居座り、マッカーサー元帥のもとに占領政策が進められました。当時のアメリカは民主党が政権の座に就いていましたが、その側近たちはほとんど共産党とそのシンパで固められていました。日本を開戦に踏み切らせることになった、実質上のアメリカの日本に対する国交断絶通告であるハル・ノートを作成したのは、ソ連のスパイだったことが、今日《こんにち》では解っています。

ですから、彼らが主導する日本の占領政策は、本質的に戦前のソ連でスターリンがやってきたことと一脈通じるところがありました。アメリカは、革命に等しいことを日本でやろうとしたのです。例えば「財閥解体」「農地解放」というのは、アメリカ本国では絶対に遂行できないことです。本国でそんなことを言おうものなら、その人間は翌日には死体になっていることでしょう。そのくらいのことをアメリカは日本でやった。

アメリカは、日本軍が強いことをよく知っていました。硫黄島での島の形が変わるほどの激戦や、沖縄での頑強な抵抗を膚《はだ》で知っていた。アメリカは、原爆投下や東京大空襲などホロコースト（大虐殺）と言ってもいいくらいのことを、日本にたいしてやってのけました。

日本人の、自分たちアメリカ人にたいする敵愾心《てきがいしん》たるや、いかばかりのものか。彼らは日本人の復讐を恐れたのだろうと思います。東京裁判でも「空襲にたいしては、日本はアメリカに復讐する権利を持っている」といった趣旨のことを述べているアメリカの弁護士がいました。

だとしたら、どうするか。日本を根底から弱くする。自分たちに歯向かえないようにしなければならない――そう占領軍は考えました。

日本人自身が、過去の日本を憎むように洗脳させる。アメリカのお陰で日本は民主国家として、より良き国家として再生したと思い込ませる。そのために戦前の日本を悪く見せなくてはならない。その思惑が、戦後日本の左翼思想と合致したのです。

しかも、日本はシナや朝鮮に悪行を働いたというのがアメリカの建前ですから、シナ人や朝鮮人の悪口を言ってはいけないという、進駐軍の指令が出されました。いまからすれば、滑稽な内容もあったのですが、とにかく「言ってはいけない」ことが多くて、占領の七年間で、それが国民のあいだに根付いてしまったのです。

加えて、物を書く人たちは、昭和二十年代は怖かった、本当に革命が起こるかもしれないと感じていたと、後から回顧しています。労働争議ではよく労働組合の指導者から「革命が起きたら、お前なんか粛清してやる」と指をさされた経営者が多かったと聞きます。

当時は日本の悪口を言っていればよかった。いや言わなければならなかった。革命が起こったとき、書いたものを証拠として粛清されてしまうかもしれないからと、本気で身の危険を感じ、戦前のコミンテルンのテーゼに沿ったようなことを書いたものだと、清水幾太郎さんが言っていました。

さらにＧＨＱは、昭和二十一（一九四六）年公職追放令を発令します。戦犯・軍人・戦争協力者が職場から追放されますが、翌年一月の改正により、地方議員・市町村長・マスコミ関係者・企業幹部にまで拡大され、約二十万人以上が職場から追放されました。経済界では松下幸之助氏なども対象になり、政界では閣僚五人、国会議員約三百人が追放され、追放者の少なかった革新政党が躍進する結果となりました。

その空いたポストを下っ端や若手が埋めていきます。大学やジャーナリズムの世界では、三十二年テーゼ（天皇制廃止など含む）を大事に戴いているような人たちがこぞって幹部になっていきました。

それまでは左翼的な言辞を弄しなかった人たちも、一夜にして豹変したくらいです。たとえば後に教科書裁判で有名になった家永三郎教授や、東大法学部の宮沢俊義教授。

ひとたび左翼的な姿勢で物を書くと、次に書く内容はそれに拘束されてしまうのです。そしてその思想は、次世代に引き継がれていきます。いみじくもパーキンソンは言いました、「自分と同じ考えで、自分を批判する立場になく、しかも自分より劣っている人間」を自分の後継として選ぶと。

気がつけば、アカデミズムやジャーナリズムの現場は、マル経かそれに準じた立場の人間ばかりで溢れていました。彼らは戦前の日本は悪かった、シナや韓国に悪行を働いた、満洲事変は日本の侵略だったと言いはじめ、占領が終わった後も言い続けたのです。

朝鮮戦争を契機に、アメリカは対日政策を転換し、左翼的な言動を圧していきますが、すでに遅きに失していました。できればもう一度公職追放令を発令し、居座りはじめた左翼的、進歩的人士たちをパージ（追放）してほしかった。

沈むばかりの朝日のプレステージ

こうして、「日本悪しかれ」史観に沿ってすべてを解釈するという、思想のルートができあがってしまいました。そしてそれが、なぜか朝日新聞に脈々と継承されてきたのです。

占領が終わっても、新聞、とくに朝日が「日本悪しかれ」史観から脱却することはありませんでした。その原因は、前述した「井伏鱒二現象」（真相を故意に黙殺する行為。井伏の『黒い雨』などが剽窃だったことに対し、文壇が黙殺したことからの著者の造語）とパーキンソンの「弟子の法則」との相乗効果の結果ではないでしょうか。

いまや「日本悪しかれ」史観は退潮傾向にあるにもかかわらず、いまだ跳梁跋扈《ちょうりょうばっこ》しているのは、朝日新聞の健闘ぶりのお蔭でしょう。その結果、朝日新聞しか読んでいないと思われるような裁判官がでてくる。そして「百人斬り」の記事を捏造だと判断しない判決が下されてしまう。

百人斬りについては、山本七平氏と本多勝一氏とで論争が繰り広げられ、本多氏は山本氏に完膚なきまでに論破された。その時は沈黙してしまったのに、後になって、（百人斬りの張本人とされた）野田少尉と向井少尉のことを、捕虜の据《す》え物斬り競争をしたのだと、本多氏は主張をずらしています。その証拠は何もないのにです。

被告側は、原告であるご遺族の方たちが、どれだけ酷い目にあっているかを訴えているのに、それにはまったく同情しません。なぜか。軍人の遺族だからでしょう。

インチキ記事のために酷い目にあったご家族の「人権」のことは、人権好きの朝日新聞の記者も無視するのです。

本多氏にいたっては、判決後に「判決は全く当然の結果だ。原告側はこの事実を否定することで、南京大虐殺や中国侵略そのものを否定しようとしたが、訴訟でかえって歴史的事実が固められたという感謝すべき一面がある。ただし、つまらんことで時間をつぶされたことには怒っている」というコメントまで出している（産経新聞二〇〇五年八月二十四日付）。

こうした態度は日本人にはなじみません。一部のコリア人の感情と言っていい。ですから、朝日に流れているのは、日本人の感情ではなく、左翼系のコリア人のそれです。昭和天皇を裁いた女性国際戦犯法廷を覆った感情も、日本人のものではないでしょう。朝日の記者が、その法廷に関与した市民グループの初代代表になっていました。

反日を醸成したのは、左翼系朝鮮人的な物の捉え方をしている朝日新聞と、井伏鱒二現象によって、マッカーサー元帥の証言を発表しなかったマスコミ・ジャーナリズムです。

マッカーサーは帰国後に、「日本が戦争に入ったのは主として自衛のためだった」と上院という公式の場所で証言して、日本侵略説を完全に否定しているのに、朝日新聞とそれに従うマスコミは、このことを国民に伝えない努力をしているのです。

読売新聞の後塵《こうじん》を拝しているとはいえ、朝日新聞には八百万人の読者がいます。その数字はそのまま朝日の論調が支持されていることを示しているのでしょうか。

私は違うと思う。八百万という数字は、旧来の宅配制度と、庶民のスノビズム（紳士気取り）によるものだと思います。昔から朝日新聞をとっている家は知的レベルが高いと言われていました。

新聞の購買は続いていくのでしょうが、そのプレステージ（威信）はどんどん沈んでいっている。宅配制度がなくなれば、朝日の部数も落ちるでしょう。新聞も週刊誌のように、その都度お金を払わせるようにしてみたらどうでしょうか。

かつて私は故・香山健一氏と、「朝日は日本のプラウダか」という対談をしたことがあります（『諸君！』一九八三年三月号）。そのため、長い間『諸君！』の広告は朝日新聞に掲載されなかったのです。プラウダもロシア本国ではずいぶんとプレステージが落ちたと聞きます。とすれば、やはり朝日はプラウダだ、ということができるのではないでしょうか。

【第11章】

国を滅ぼす煽情ジャーナリズムの淵源

郵政民営化は二十年来の信念

与党圧勝に終わった二〇〇五年九月の衆院総選挙ですが、こういう結果になったのは、小泉首相（当時）のパフォーマンスが抜群に良かったことにあるでしょう。それにたいして、岡田民主党党首（当時）は迫力に欠けていた。まさに横綱と幕下の対決でした。

もし私が岡田さんだったなら、郵政民営化という争点をズラしたと思います。例えば靖國参拝では自ら八月十五日に参拝するとか、憲法問題では、改正を目指す現政府に対して、「日本の主権のない占領時代に、占領軍の命令の下に起草された憲法は、日本の主権を示すものでないから、本質的に無効であると宣言すべきだ」とか言っていれば、郵政民営化という争点の波をもろに被ることもなかったでしょう。政治家には、そういうパフォーマンスが必要だと思います。

郵政民営化はアメリカからの要請だったと、民営化反対派の人たちの多くは主張していました。要するに反米意識があった。そのせいか、選挙直前のマスコミは、反小泉の言論で満ちていました。郵貯の巨額資金をアメリカに取り上げられる、という内容のものが多かったのです。しかし、国民の多くは別段反米ではなかったのでしょう。

また小泉首相は、国力があるうちに二十七万人もの公務員を削減すると明快に訴えました。国民は公務員にたいして、羨望と表裏一体の恨みを持っていますから、そのフレーズにも敏感に反応したのだろうと思います。

郵政民営化は、小泉首相の長年の信念でした。アメリカに言われたとか、竹中さんに言われたとか、そんな話ではないのです。かつて私は通産省（当時）のある研究会の座長を務めていましたが、そこに彼を招いて話を聞いたことがあります。もう十五年以上も前のことです。速記録も録らないので、政治家たちの本音が聞ける有意義な会でした。

当時、まだ大臣にもなっていなかった若き小泉代議士は一晩かかって、郵便貯金をなくすことの意義を滔々《とうとう》と述べました。巨額の郵便貯金を大蔵省（当時）が握っている限り、官僚支配を脱することはできないのだと。

郵政民営化は、彼にとって二十数年来の信念です。大蔵省の財政投融資という、議会でも問われない第二の予算で、公団・公社等をどんどんつくり、天下りもやり放題。それではいつまで経っても、日本は官僚支配から脱せられないと言っておられた。

そのときの聴衆は、わずか十数人でしたが、みんな一様に感心していました。彼はそれが実現できるなら、首相になれなくてもいいいし、自民党もぶっ潰れてもいいいし、自らの政治生命が絶たれてもいいと言いました。「殺されたっていい」と言ったのは、その気持を端的にあらわした言葉です。とにかく岡田氏とは迫力が違った。そしてメディアも一政治家のパフォーマンスと信念の前に無力でした。

ただ残念なのは、この衆院総選挙で、非常に立派な意見を持っていた多くの議員の方たちが、郵政民営化に反対したばかりに、自民党から石持て追われたり、落選してしまったことでした。

統帥権干犯問題が事の初め

メディアが一方的に危険な偏りを見せはじめたのは、昭和初期からです。それは、「統《とう》帥権干犯《すいけんかんぱん》問題」がその嚆矢《こうし》です。

統帥権とは軍隊の最高指揮権で、天皇の大権（議会の参与なくして可能な権限）の一つです。それが問題になったのは、昭和五（一九三〇）年のロンドン海軍軍縮会議においてでした。交渉に先立って、海軍は補助艦総括対米七割などと主張していましたが、それにわずかながら及ばない妥協案が成立すると、加藤寛治軍令部長らを筆頭とする軍令部内に、猛烈な反対の声が上がったのです。

彼らはなぜ怒ったのか。明治憲法では統帥権は「天皇ハ陸海軍ヲ統帥ス」（第十一条）と規定され、国務大臣の輔弼《ほひつ》は必要なく、政府も議会もまったくこれに関与できないとされました。続いて、「天皇ハ陸海軍ノ編制及常備兵額ヲ定ム」（第十二条）とあり、編成大権（兵力量決定権）は統帥権の一部であり、従って統帥権を犯していると看做《みな》したからです。

干犯説は軍部内でとどまっているうちは、まだよかった。同年の帝国議会において、野党政友会の犬養毅や鳩山一郎が、軍令部の意見を無視した条約調印は統帥権干犯であるとの攻撃を、民政党・浜口雄幸内閣にたいして行なったことで、盛り上がりを見せてしまったのです。犬養・鳩山の目的は、統帥権干犯を口実にした倒閣にありましたが、この動きが軍令部の不満層や右翼団体を大いに刺激してしまいます。必然的に憲法解釈上の難問を惹き起こすことになったのでした。

浜口首相は冷静に対応し、憲法学者である美濃部達吉にも意見を求めました。美濃部は、日本は立憲君主国制であり、条約の批准を奏請しても統帥権干犯にはあたらないと論じ、浜口首相を擁護したのです。明治憲法には、「天皇が外交を統《す》べる」といった趣旨の条文もありますが、だからと言って諸外国との条約締結を外務省がやっても、誰も文句は言わない。それと同じことなのだと。浜口首相は美濃部の法理論通りに主張して、議会や枢密院などを納得させたのです。

にもかかわらず、マスコミは統帥権干犯問題を煽りました。政友会が中心になって煽ったのです。その揚句に、浜口首相は同年東京駅で狙撃されて重傷を負い、その傷がもとで翌年死亡してしまいます。

マスコミが事を煽り立てるという風潮が政治や社会に極端に悪い影響を及ぼしはじめたのは、この「統帥権干犯問題」からだと言っていいでしょう。メディアが世論を喚起し、右翼やら国粋主義者らを刺激するようになったのです。それまでの日本では、大正デモクラシーの影響もあって、さまざまな政治経済の課題は国会で侃々諤々《かんかんがくがく》議論を重ねるという、政党政治として至極真っ当な風潮が築かれていました。

しかし統帥権に対する憲法上の解釈問題は、政党を超えて、軍が政治に介入するきっかけをつくってしまった。さらに、その軍や特定政党の意向を受けて、マスコミが煽るようになったのです。

軍といっても、一部に過ぎません。海軍のなかでも条約派と呼ばれる一派は、無制限に軍艦建造競争をしていたら日本はいつか負けてしまうと認識していました。それにたいして、艦隊派や統帥部はゴネて、政友会は政争の具にしてしまった。

そして浜口首相が襲撃されたのをきっかけに、それ以後、統帥権を議論したり否定したりすることはできなくなったのです。否定すれば殺されてしまう。マスコミが日本の国益を害するようになったはじまりでしょう。

槍玉にあがった天皇機関説

この統帥権干犯問題に次いで、浜口首相に意見を求められた美濃部達吉と、彼が提唱していた「天皇機関説」が槍玉にあがります。

彼が唱えた「天皇機関説」は、明治憲法をつくった伊藤博文の天皇論を踏襲したものでした。伊藤の著作に『憲法義解』というのがありますが、これは明治憲法の公式的解釈本であり、伊藤はこのなかで、一種の「天皇器官説」を唱えています。天皇というのは身体で言えば、脳の存在のようなものであり、そこから身体（＝国家）全体に神経が発しているのだというのです。美濃部説はそれをそのまま踏襲したようなものです。ところが、「器官」を「機関」としたものだから、機械の一部のような印象を与えてしまった。

それでも美濃部説は、憲法をつくった伊藤博文の解釈を受け継いでいるのであって、その説自体は何ら問題はありませんでした。彼は、その機関説をずっと東大で教えてもきたのであり、当時の高級官僚たちは機関説を受講して卒業したのです。

その天皇機関説が、統帥権干犯問題で注目されるようになり、美濃部自身は「謀反人」「学匪《がくひ》」などと攻撃されるようになります。それにたいして、美濃部は事あるごとに反駁《はんばく》することを怠らなかった。菊池武夫という議員の論難にたいしても、貴族院でも毅然として弁明した。その内容があまりにもすばらしかったので、貴族院の通例にはない拍手が起こったと言います。

もし、すべての権限が天皇個人のものならば、たとえば国債というのは天皇個人の借金ということなってしまう。国際条約の締結も、天皇個人が行うことになり、それはすなわち専制君主である。天皇は国家というもののなかで、ひとつの〝機関〟にすぎない。そういう解釈を天皇という存在に与えなければ、近代国家とは言えず、天皇はルイ十四世と同じになってしまう――云々というような趣旨のことを述べた。天皇の権力は、国務という形であらわれるのであって、天皇個人のものではない、と言うのです。

しかし美濃部は告発されて、取調べを受けることになります。検事はできるなら有罪にしたくはなかったのです。訊問に対して、検事は当たり障りなく適当に答えてくれというのですが、学究肌で頑固な美濃部には通じなかった。

やがて、軍部や司法、政府にたいして妥協する姿勢を見せない美濃部とその機関説を、マスコミはこぞって大々的に報道していきますが、そこには美濃部を擁護する声は少なく、機関説へ敵意を剝き出しにする右翼や国家社会主義者たちから、自分たちが狙われないようにとの自己保身を忘れることはありませんでした。そして遂には美濃部暗殺未遂へと発展していきます。

筋の通った法律論よりも、マスコミによって操作形成される世論が力を得ていくようになるのです。

その後の新聞の行く末は、その時点で推して知るべしなのですが、メディアのなかでも雑誌のほうが健全で穏健でした。戦争がはじまれば、戦時中の美談は掲載しますけれども、少なくとも大衆を煽るということはしませんでした。

自宅にあった、昭和八（一九三三）年の『少年倶楽部』（講談社）などを見ると、面白いことに、F・D・ルーズベルトの写真が載っています。ルーズベルトは同年三月に大統領に就任しますが、彼は日本を潰そうという明確な意思を持って大統領になった男です。それなのに、『少年倶楽部』は彼をグラビアに登場させ、「何とすばらしい笑顔でしょう。この人であれば、日本とアメリカとの話し合いもうまくいくでしょう」ということを書いている。

昭和十二（一九三七）年シナ事変勃発時に、講談社の創業者であった野間清治は、編集者たちが戦争の記事ばかりを書いているのを見て、「そんな記事を載せる雑誌しかつくれないのか」と一喝して、闇雲に戦争礼賛をしなかったといいます。戦争バンザイと煽ったのは、新聞だったのです。

五・一五事件の皮肉

また忘れてはいけないのは、昭和七（一九三二）年に起きた五・一五事件です。この事件の首謀者たちは、すべて右翼でしたが、彼らの計画を見れば彼らの正体は左翼（皇室を尊敬する共産主義）でした。

海軍将校、陸軍士官候補生、農村青年ら三十数名が、首相官邸、内大臣邸、政友会本部などを襲撃し、犬養毅首相などが殺された事件です。しかし驚くべきは、首相を殺し、世上を震撼《しんかん》させても、ひとりも死刑にはならなかったことです。もちろん実刑判決は下ったものの、恩赦や特赦、減刑などでいずれも短い期間で出獄したのです。

そうさせたのは世論でした。政党政治は腐敗堕落し、財閥が農村や零細企業を疲弊させていると、首謀者たちは考えていました。そして事件後に新聞報道などによって、彼らの思想が明らかになったとき、国民は彼らに同情し、それが裁判官を動かしてしまったのです。

出所した首謀者たちの多くは、その後満洲に渡り特務機関などで働いたそうです。五・一五事件に同情した世論は、まったくもって日本に害をなした。事件に同情を寄せた人たちは、その後の日本の敗北に与《くみ》したのと同罪です。

それにしても、統帥権干犯問題を惹起《じやつき》し、浜口首相の暗殺のもととなった犬養首相自らが、それによって幕開いた昭和テロ事件のひとつ、五・一五事件で命を落としたのは、何とも皮肉なことです。

決起後のアクション・プランは、じつはあまり具体的ではなかったと言われています。この時、世論に媚《こ》びて、主犯者をも軽くしか処罰しなかったことが、後の二・二六事件の誘惑になりました。二・二六事件は、五・一五事件よりも精密な計画に従って軍を動かして、何人もの重臣たちを殺害したのです。

私に言わせれば、高橋是清のような傑物を殺してしまって、どうしようというのか。彼は日露戦争のとき、独力でユダヤから戦費を引き出した男です。

その彼がいなくなって、どうやってユダヤ財閥の影響下にある石油資源を調達しようとしたのか。

ケーディスの亡霊

戦後、新聞社の編集方針は、ＧＨＱ（連合国軍最高司令官総司令部）による初期占領政策に従っていきます。前にも触れましたが、昭和二十一（一九四六）年公職追放令が発令されます。全国で約二十万人以上の要職にあった人たちが追放されたのです。

それを実行したのは、ＧＨＱ民政局の中心人物ケーディスでした。名だたる政治家でも、例えば石橋湛山も、彼の手にかかって容赦なく追放されました。彼が著した昭和七（一九三二）年の論文一本が引っかかったのでした。その内容は、オタワ会議での世界的なブロック経済の台頭と、それによって戦争が惹起される懸念を書いただけの至極真っ当なものです。選挙で勝って首相になる寸前の鳩山一郎も、ケーディスの気に入らないと、公職追放になりました。

国会議員たちのみならず、マスコミ人士たちもかなり戦々恐々としていました。戦前は、検閲に引っかかる内容でも、いったん出版されてから該当部分が伏字になったり削除されたりしたものです。

ところがGHQは、削除箇所を指定しますが、刊行後に削ったがために生じる白紙部分を残してはならないとするものです。つまりは削除箇所を公けには解らないようにしなければならない。そうするためには、再度全部刷り直さなければならなくなる。終戦直後は極端な紙不足でしたから、刷り直しはできません。実質発禁と同様です。そうされると、マスコミはどんどん自己規制を強めていくようになりました。

大新聞社も例外ではありません。朝日新聞は終戦直後、アメリカの原爆投下にたいする鳩山一郎氏の批判記事がもとで、発行停止を喰らったこともありました。そうやって、民政局の意向に従うようになっていったのです。いまでこそ明らかになっていますが、ケーディスとその取り巻きは、ほとんど共産党の党員かシンパです。彼らの過激で過剰な民主化を辛うじて防いだのは、吉田茂や白洲次郎たちでしたが、その影響を完全に拭い去ることはできませんでした。

朝日新聞は、そのケーディスたちの影響が浸透したまま今日に至ったマスコミの代表だと言っていいでしょう。朝日新聞を読めば、日本を共産圏に売り渡そうとした意図があるかと思われるばかりです。

日本に有利なことは本当のことでも書かないで、日本に不利なこと、中・韓・ソに有利なことは嘘でも書き連ねる。さすがに満洲引き揚げのことがあるので、ソ連を褒めることはあまりしなかったけれども、ソ連批判は紙面に出しませんでした。

だから、朝日という新聞は、日本の独立回復後もケーディスに阿《おもね》り、ケーディスを喜ばせ続けた新聞だろうと言ってもいいくらいです。読売も毎日もその傾向はありましたが、産経だけは鹿内信隆氏が防ぎました。新聞というメディアは、戦後ずっと左翼がかっていたんです。いま読売もだいぶまともになってきましたが、朝日・毎日はいまだにケーディスの亡霊にからめとられている。

フジ・サンケイグループ初代議長である鹿内信隆氏は、当時の経団連で経営者にたいする左翼攻勢の防波堤となった人物です。私は彼から直接話を聞いたことがありますが、水野成夫の後を継いでから、彼はサンケイ新聞に「正論」欄を設けました。それにより、社員の意識が変わり始めたと言うのです。

それに比べて、中・韓などに迎合した人たちが亡くなると、朝日新聞の紙面ではいかに称賛されていたかを、『週刊新潮』(二〇〇五年十月十三日号)で高山正之氏(ジャーナリスト)が指摘しています。「新しい歴史教科書をつくる会」の教科書の採択率が、約〇・四%(歴史教科書）、約〇・二％（公民教科書）となったことに欣喜雀躍《きんきじゃくやく》している朝日のことですから、早晩教科書問題の元凶である宮澤喜一氏や、従軍慰安婦で中・韓に謝罪した河野洋平氏らも、いつの日にか朝日新聞の死亡関連記事で大いに讃《たた》えられることでしょう。

メディアの立場

メディアは、自分たちの所信、すなわち信ずるところを堂々と述べればいい。しかし、嘘と知った上で記事にして、民衆を煽ってはいけません。私には、どうしても朝日新聞という新聞は、嘘だと知っていながらも記事にして報道しているという疑念が拭えません。私自身かつて、大西巨人氏との「架空論争」を捏造され、「まるでヒトラーだ」と社会面で名指しで非難されたことがあります。

ジャーナリストなら、当然知らなくてはいけないことを、あたかも知らぬがごとくに報道している。朝日の論説委員といえばインテリ中のインテリだと思いますが、その人たちが知っておくべきことを知らないのなら、まずもってその資格はないでしょう。あるいは知っていて、わざと書かないか。それならば虚偽であり、もはやジャーナリズムではありません。

私は、戦後のマスコミすべてがダメだったとは思っていません。どの時代にも素晴らしいジャーナリズムは存在していました。例えば、立花隆氏の『日本共産党の研究』などはその好例でしょう。『文藝春秋』掲載当時の世情を慮《おもんぱか》れば、とても連載できる環境とは思えませんが、それを敢えてやったところにジャーナリズムのジャーナリズムたる所以《ゆえん》があります。ジャーナリズムの不健全さが、この国を害することは、統帥権干犯問題や五・一五事件を見ても明らかです。まさに殷鑑《いんかん》遠からず、なのです。

【第12章】

慰安婦歴史論争は朝日の全面敗北で終わった

朝日、ついに「降参」

二〇一四年八月五日、朝日新聞がついに「降参」しました。この日は、戦後ジャーナリズムにとって極めて大きな記念すべき日であると言っていいでしょう。

ただし、朝日新聞は「吉田証言が嘘であること」「女子挺身隊は慰安婦ではなかったこと」は認めたものの、それ以外の点については、二日間にわたって役にも立たない言い訳を展開しました。

藤岡信勝さんはこのような朝日の態度を「白旗を揚げながら進軍している」と評しましたが、全くそのとおりで、朝日新聞は天下に恥を晒《さら》したと言っていいでしょう。

驚くのは、あれだけの弁解をしながら一切、謝罪をしなかったことです。日本人ならまずは謝る。しかし、それができないのはどういうわけでしょうか。支那や朝鮮では「罪を認めて謝罪した以上、何をされても仕方がない」という価値観がありますから、朝日新聞は日本人的でない、「中韓的なるもの」によってその中核が動かされているのではないかと勘繰ってしまいます。

朝日が「降参」したと言っても、まだ朝日新聞を購読し続ける人もいることでしょうが、現在の朝日新聞社幹部が「総辞職」しない限り、「朝日新聞は中韓的発想を持つ人が書いている」可能性を念頭に置いて記事を読む必要があります。

朝日新聞のなかには立派な記者もたくさんいたとは思いますが、吉田清治証言の撤回まで三十二年かかり、「挺身隊と慰安婦の混同」といった誰にでもすぐ分かるような意図的なミスリードを撤回してこなかったのが実情です。それこそ、中韓的な「日本を徹底的に貶《おとし》めたい」と考える強力な中心勢力があるとしか思えない。

朝日新聞は捏造《ねつぞう》を否定しているようですが、明らかに確信犯であり、それが著しく日本を貶めてきたことは否定しようもないことです。しかも嘘に嘘を重ねてきたことで、慰安婦問題は日韓問題ではなく、世界的な問題に拡大してしまいました。しかし、朝日新聞は「最初から分かっていてやった」のです。

このような新聞を存続させていいのでしょうか。「言論弾圧」との反論もあるかもしれませんが、少なくとも慰安婦問題において「国際的な日本の名誉棄損活動」を展開した朝日新聞の責任者は、すぐにでも職を辞すべきでしょう。退職金と年金を朝日新聞からもらうことには私は反対しませんから。

産経新聞の大金星

朝日の「降参」は、産経新聞の大変大きな功績です。朝日新聞は最後まで抵抗しましたが、産経新聞は実に入念に、ジャーナリズムの本分を発揮して真実を掘り起こしたのです。「新聞社同士の喧嘩で正義を貫いた産経新聞が勝った」のであり、虚報をここまで引っ張った朝日新聞と、事実によって朝日新聞を追い詰めた産経新聞の威信《プレステージ》は逆転したと言ってもいいのではないでしょうか。

二〇一四年一月一日には、河野談話に原案段階から韓国の意向が働いていたことをスクープ。政府による河野談話の撤回にまでは至らなかったものの、河野談話発表までの経緯を再調査し、結果を公表するまでに至ったのです。

産経新聞で連日、慰安婦問題に関する事実が報じられることで、国内の関心が高まるとともに、朝日新聞に対する批判も強まりました。

海外在住の日本人が、慰安婦問題によってどのような心理的苦痛を受けているかも産経新聞で逐一報じられたことで、一般の国民までが日本人として素直に「本当のところはどうなのか」を知りたくなってきた。それは朝日の読者も例外ではなかったと思います。

かつて、朝日新聞は左翼文化人やインテリが読み、世界第二位の部数を誇るクオリティペーパーで、一方の産経新聞はずいぶん下に見られていた時代がありました。しかし、いまや立場は完全に逆転しました。日本のクオリティペーパーは産経新聞だというべきでしょう。

朝日新聞の〝前科〟

戦後ジャーナリズムにおいては、昭和二十年代からしばらくの間、新聞社同士は喧嘩をしないという不文律があり、たとえばある新聞社の記者が交通事故を起こしても他の新聞社は報じない、論調が違っても相手の新聞を名指しして反論することはしない、というような暗黙の了解があったのです。

しかし、その暗黙の了解を最初に破ったのは、私の記憶では産経新聞でした。

一九八四年十月三十一日、朝日新聞は〈これが毒ガス作戦〉という大きな見出しで、濛々と湧き上がる煙の写真を次のような記事とともに掲載しました。

〈当時、中国戦線の第百一師団に所属していた神奈川県在住の元将校Aさん（70）がこのほど、朝日新聞社に「私は毒ガス攻撃の現場にいた」と当時の撮影写真を提供した。

「これまでだれにも見せられなかったが、最近、当時の日本軍の行為を正当化するような動きがあり、憤りを感じたため、公表することを思い立った」とAさんは語っている〉
ところが、これに産経新聞が反論。一九八四年十一月十一日の紙面で「煙幕だったのではないか」と疑義を呈し、朝日記事に該当する作戦時に毒ガスが使われた記録がないことなどを掲載したのです。

その時の朝日新聞の反応は、まさに殴り込みの様相を呈したそうです。詳しくは元産経新聞記者の髙山正之さんが書かれていますが、朝日新聞の学芸部長が産経新聞にやって来て、「天下の朝日に喧嘩を売るとはいい度胸だ。謝罪して訂正記事を載せないと、産経新聞なんか叩き潰してやる」と怒鳴ったといいます。

産経も慌てて別室で対応したとのことですが、朝日が脅そうと、事実を摑んでいた産経の勝ちでした。

産経はさらに追い打ちとなる記事を、十一月十三日に掲載しました。煙は毒ガスなどではなく、昭和十四年九月二十三日に行われた戦闘中、「対岸の敵に猛射を浴びせる第6師団の砲撃」の煙であることを指摘したのです。

さすがの朝日もこれには参ったのか、翌十一月十四日に次のような記事を掲載しています。

〈朝日新聞社のその後の調べで、この写真は、元将校Aさんの記憶する南昌作戦ではなく、同じ昭和十四年の九月、日本軍の贛湘《かんしょう》作戦の際に中国・新牆河《しんしょが》付近で、大阪毎日新聞社カメラマン山上円太郎氏（故人）が撮影したものであることが分かった。（中略）

これについて、写真を提供したAさんは、「南昌攻略の際の修水渡河作戦で私が目撃した毒ガス作戦の光景と写真帳の写真はあまりにもよく似ていた。しかし、写真が別の場所で撮影されたとわかった以上、私の記憶違いだったと思う」といっている〉

日本を貶めるためには、情報の裏すら取らない朝日の体質がよくわかります。しかも産経からの指摘を受けて事実が判明したのに、「朝日新聞のその後の調べ」によって分かったと書いたうえ、誤報にもかかわらず一言の謝罪もありませんでした。

あれから三十年あまりが経ち、横綱と小結だった朝日と産経の関係に変化が出ても、朝日新聞にはそのことが未だに分からなかったのでしょう。

卑怯な論点逸らし

朝日新聞は慰安婦報道検証記事で、〈戦時中、日本軍兵士らの性の相手を強いられた女性がいた事実を消すことはできません。慰安婦として自由を奪われ、女性としての尊厳を踏みにじられたことが問題の本質なのです〉と書いています。

しかし、朝日新聞がことさら書いてきた「従軍慰安婦」問題の根本は強制連行の有無でした。吉田清治の言う「拉致」に相当する行為があり、植村隆記者の書いた「挺身隊の名で連行した」ことをもって、朝日新聞は「従軍慰安婦問題」を大きく取り上げてきたのです。

そもそも言葉にこだわる新聞記者が、「従軍慰安婦」という言葉を使うこと自体がおかしい。「従軍」とは厳密には「軍属」を意味します。「軍属」の売春婦がいるわけがない。

いつの間にか朝日新聞はこの「従軍慰安婦」という言葉を使わなくなっていますが、実に卑怯《ひきょう》なやり口です。分が悪くなると分からないうちに逃げたり、論点を逸らす「悪魔の知恵」と言ってもいいでしょう。

朝日新聞は「報じた当時は研究がまだ進んでいなかった」などと言っていますが、これらの真偽を確かめるのは実に簡単なことでした。

当時、占領地に慰安婦がおり、売春業が営まれたことは日本のみならず世界の常識でした。そもそも占領地まで出かけて行ったのは朝鮮人売春婦だけでなく、日本人女性のほうが圧倒的に多かったのです。

吉田証言について朝日新聞はいまになって済州島へ出かけていって聞き取り調査をしたようですが、なぜ当時、裏を取らなかったのか。いまさら聞きに行ったところで、これでは新聞ではなく「旧聞」です。

政治的意思による誤報

吉田清治は済州島で二百人あまりの女性を「強制連行」したと言っていますが、それだけの女性が無理やり連れ去られるのを、あの朝鮮人たちが黙って見ているはずがありません。

一九八九年の時点で地元の済州新聞社が調査したところ、「そんな事実はなかった」との証言があり、その後、秦郁彦さんも九二年に現地調査に入りましたが、むしろ済州新聞の記者から「何が目的でこんな作り話を書くんでしょうか」とまで言われたそうです。

朝日新聞にとっては見たくもない事実かもしれませんが、その頃の朝鮮は実に平穏でした。朝鮮の中学生は修学旅行で伊勢神宮に参拝するほどであり、巡査等の多くも朝鮮人が自ら就いていていました。

併合当初はたしかに小競り合いもありましたが、済州島に限らず、昭和十年代の朝鮮半島は実に平穏な状況だったのです。

朝日新聞が会社ぐるみで日本を貶める虚報を流すことにより、ＮＨＫや岩波書店も安心してそれに追従してきました。その最たるものが歴史教科書誤報事件です。一九八二年六月二十六日、マスコミ各社が「文部省が歴史教科書の記述を検定によって『（中国華北に対する）〝侵略〟から〝進出〟へと改めさせた』」と報じました。

しかしこれは実際には誤報で、文部省も「検定項目に進出か、侵略か、の審査はない」などとして否定していました。

私は当時、この問題をかなり詳細に追っていた世界日報を読んでいたこともあり、『諸君！』（一九八二年十月号）に「萬犬虚に吼えた教科書問題」と題する検証記事を書きました。竹村健一氏が自身のテレビにも私を出演させてくれたことで、さすがにテレビの反響は大きく、教科書書き換え問題は大騒動となったのです。

私は『諸君！』に朝日新聞に対する公開質問状を出しましたが、梨の礫《つぶて》でとうとう答えず、朝日新聞は八月に入っても明確な撤回、訂正を出しませんでした。

恐るべきことに、この時、「中国韓国など近隣諸国の批判に耳を傾ける」との宮澤喜一官房長官談話が発表されています。

その後、九月七日に産経新聞は一面で「誤報でした」との記事を出し、徹底的な検証記事を掲載しました。さすがに新聞の影響は大きかったのか、報道後から大騒ぎしていた北京もすっかり黙ってしまった。韓国は中国以上の反撥を見せていましたが、中国が引っ込めたのを見て自分たちも抗議をやめました。

しかし鈴木善幸内閣による訪中が行われ、教科書の記載は近隣諸国に配慮するという旨の「近隣諸国条項」が生まれてしまったのです。

過去にも「長々と弁解」を

朝日新聞がこの誤報について検証したのは、九月十九日でした。「読者と朝日新聞」と題する文章では、東京本社社会部長の中川昌三という人が、読者からの「誤報ではないのですか。真相を聞かせてください」との質問に答えています。

その中身は、今回の慰安婦報道の「役にも立たない弁解」に匹敵するものですので、少々長くなりますが引用します。

〈来年度から使用される高校、小学校の教科書の検定結果が六月二十六日付朝刊で各社一斉に取り上げられ、朝日新聞でも一面と社会面で報道しました。（中略）

新聞、放送各社ともこの個所についてはほぼ同様の報道をしましたが、七月二十六日になって、中国が「日本軍国主義が中国を侵略した歴史の事実について改ざんが行われている」として抗議、続いて韓国も抗議し、外交問題となりました。
朝日新聞は、日中、日韓関係の歴史記述について再度点検したところ、今回の検定教科書で日中戦争に限定すると「侵略→進出」と書き換えさせたケースはなかったらしい、との懸念が生じました。（中略）
一部にせよ、誤りをおかしたことについては、読者におわびしなければなりません〉
そうして、なぜ誤りが起こったかを縷々《るる》説明したあと、朝日はこう続けます。
〈以上が誤りを生んだ経緯と背景です。ところで、ここで考えてみたいのは、中国・韓国との間で外交問題にまで発展したのは、この誤報だけが理由なのか、という点です。
抗議の中で中国側が例にあげたのは、「侵略→進出」だけではなく、「満州事変」や「南京虐殺」などの記述もありました。韓国の政府や民間団体が抗議したのは「3・1独立運動」や「強制連行」など数多くの記述についてでした。
つまり、ことの本質は、文部省の検定の姿勢や検定全体の流れにあるのではないでしょうか。だからこそ日本政府は今回検定の日中戦争関係で「侵略→進出」の書き改めがなかったことを十分知りながら、検定基準の変更を約束せざるを得なかったのだと思われるのです。

文部省が検定作業を通じて「侵略」を「進出」「侵入」「侵攻」「侵出」などに書き換えさせてきたのは、数多くの資料や証言から証明できます。侵略ということばを出来る限り教科書から消していこう、というのが昭和三十年頃からの文部省の一貫した姿勢だったといってよいでしょう。

そうした検定の流れは、いま社会面の連載「検証・教科書検定」でも、改めて明らかにしつつあるところです。

日本が韓国・朝鮮を併合したり、中国へ攻め込んだりした事実をどう見るかは、歴史観の違いによって意見が分かれる場合もありましょう。しかし、あった事実は事実として、認める態度が必要だと思います。教科書は次代の国民を育てる大切なものです。私どもは今年も厳正な立場で教科書問題の報道にあたりたいと考えます〉

三十年経ったいまも、朝日新聞の体質は全く変わっていないと言っていいでしょう。

捏造は会社ぐるみ

朝日新聞は慰安婦問題の論争が展開されるなか、「強制連行」の部分について分が悪くなってくると「強制には広義の強制と狭義の強制がある」などと言い出しました。しかし問題なのは「拉致まがいの強制連行」であり、広義の強制などは問題ではありません。

今も昔も、売春婦は一定の強制のもとにあります。しかも、占領地で現地の女性に問題を起こさないように慰安所を公認することも、何ら問題はありませんでした。

朝日新聞の記者ともあろう人たちが、この程度のことを知らない、理解できないはずはない。ましてや「故意でなく挺身隊と慰安婦を混同してしまった」はずがないのです。

大正時代に朝日新聞記者だった杉村楚人冠が書いた『最近新聞学』という名著がありま す。私は一九七三年七月号の『諸君!』にこの本(復刊)の書評を書き、それが巻頭論文として掲載されました(「新聞の向上?」)。これが私の論壇デビューとなったのですが、そこには次のようなことが書いてありました。

「馬鹿な話が新聞に出てくるためには、会社ぐるみで腐っていなければそんなことにはならない。下っ端がおかしな話を持って来ても、デスクが目を光らせれば掲載されない。だから馬鹿な記事が載ってしまうのは、会社ぐるみでなければありえない」

朝日は天下の恥晒し

それでも朝日新聞に一片の良心があるのなら、主要幹部は全員辞職し、二度と大きな顔で日本国民の前に出るべきではない。静かに、日本国民の目の触れないところで暮らすべきでしょう。

ようやく今回、朝日新聞が自らの非を認めたことで、少なくとも日本人は慰安婦に対する「強制連行はあった」「挺身隊の名で慰安婦にした」という言説を使えなくなります。日本国内から矢が飛んでこなければ、外務省も総理も、強気で真実を訴えることができるようになる。日韓関係にも大きく影響するのではないでしょうか。

「天下に恥を晒《さら》した」今回の慰安婦検証記事が近い将来、「あれで朝日が倒れた」と言われる日が来るかもしれません。慰安婦問題は朝日新聞の終わりの始まりかもしれない——そんな思いです。

（『Ｗｉｌｌ』二〇一四年十月号）

【第13章】

皇統「百二十五代」は日本の誇り

皇室は「日本人の総本家」

現在（平成十七年当時）の天皇陛下は第百二十五代目ですが、私の知る限り、即位されるにあたって、その前後の報道や即位式のお言葉のなかに「第百二十五代」目の天皇であらせられるという表現は見当たらなかったように思います。昭和天皇が第百二十四代目であったことは、われわれが子供のころは当たり前のように教えられたものですが、今上天皇が第何代天皇かということを、いまどれだけの国民が知っているでしょうか。

百二十五代の皇統の連続があるからこそ皇室が皇室なのであって、「第百二十五代」ということには折にふれて、常に表明していただきたいと思います。いわんや次の百二十六代の天皇がご即位されるときには、内外に向けてきちんと宣言されるべきです。

われわれ戦前派にとっては皇室というのは、「日本人の総本家」というのが一般的な見方です。いまでこそ本家・分家という感覚は薄れてきていますが、つい最近までは田舎に行けば、本家や分家という意識が人びとのなかに残っていました。

ですから、それまで皇室というのはたしかに崇《あが》め奉《たてまつ》るものだと思ってはいましたが、日常生活のなかで常に意識する対象ではありませんでした。日本の皇室というものを私が強烈に意識せざるを得ないようになったのは、終戦十年目の一九五五年にドイツへ留学したときのことです。当時ドイツは国際社会で肩身が狭かったのですが、とても親日的でした。ある家庭に招待されたとき、私はこう訊《き》かれたんです。

「日本には、たしか〝テンノー〟という元首がいたはずだが、敗戦後はどうなったんですか？」

「戦前も戦中も今も天皇は変りなく在位しております」と私が答えると、彼らは非常に驚いていました。彼らの歴史観で言えば、戦争や革命で敗北した国家の元首や帝室が以前と変わらずに存続しているということは信じられないことなのです。普仏戦争後のナポレオン三世、近くは第一次大戦後のドイツ帝国や、オーストリア・ハンガリー帝国、革命が起きたロシアの例を挙げるまでもなくです。それなのに、第二次大戦の敗戦国である日本の元首が、戦後も変わらずに在位しているという事実に、ドイツ人たちはいたく感動していました。日本人はなんと信義に篤《あつ》く、重厚な国民であるかと。

「成り上がり」国家ではない日本

それがきっかけとなって、私は日本の皇室というものを改めて考えはじめるようになりました。

　そのときヒントになったのは、キリスト教以前にあったゲルマン人王家の系図です。あまり日本人には馴染みがないですが、ゲルマンの世界にも神話があります。それを見ていくと、ゲルマンの神様の末裔《まつえい》はゲルマン諸族の王につながっているのです。皇室の系譜をみても、神代の天照大御神《あまてらすおおみかみ》からはじまって、神武《じんむ》天皇につながっていきます。ギリシア・ローマ神話も同じです。トロイ戦争のギリシアの英雄アガメムノンの先祖をずっと辿っていくと、ギリシア神話の主神のゼウスに行き着きます。皇室の歴史構造は、それらと同じなのだと発見したわけです。

　以来、日本はとても古い歴史を持つ国であって、日本の王家は、神話の時代から二千六百年以上も連綿とつづいている、というようなことをドイツの家庭に招かれたおりに話すようになりました。その後は外国に行ったらこの話をすることにしたのです。すると、伝統を重んじるイギリスでも、歴史の浅いアメリカでも、みな一様に感心されました。それを見て、私は、皇室というのは日本国や日本人のプライドの原点であると実感し、改めて皇室に対して尊敬の念を抱くようになりました。

　さらに言えば、由緒ある古い王家がある国というのは、「成り上がり」の国家ではないということです。日本が高度経済成長を成し遂げて、経済大国と呼ばれるようになっても、皇室の存在は成り上がり者だとは思われない力を持っているんです。要するに、他国の嫉妬を消す力があるということなんです。

それに、一般的に古い国というのは、民衆にたいしてあまり酷《ひど》いことをしないというイメージがあります。一般市民の大量虐殺というのは、すべて共和制のもとで行われているのです。アメリカのインディアン征服もしかり、フランス革命もしかり。レーニン・スターリンの大粛清《しゆくせい》しかり、毛沢東の革命しかり。日本は古い国なのだと声を大にして言っていけばいい。

山上憶良の日本国観

後年「万葉集」全巻を読破しようと読んでいたら、山上憶良の「好去好来《こうきよこうらい》の歌」という歌に出会って、はたと思いついたことがありました。

この歌は長歌で、「神代より　言ひ伝て来《け》らく　そらみつ　倭《やまと》の国は」とはじまった後に「皇神《すめろぎ》の　厳《いつく》しき国　言霊《ことたま》の　幸《さき》はふ国と語り継ぎ　言ひ継がひつつ」とつづくのですが、憶良はここで日本という国を二つの点で定義づけているんです。

まず「皇神《すめろぎ》の厳《いつく》しき国」ですが、これは神代からずっと王朝がつづいてきた国という意味です。次の「言霊《ことたま》の幸《さき》はふ国」というのは、和歌に代表されるような自国独自の文学言語があるということです。

憶良はなぜこのような歌を詠んだのか。そこには、おそらく彼にそう気づかせる背景があったに違いありません。山上憶良は第七次遣唐使として、唐の都・長安を訪れています。そのとき彼は、大唐の都の殷賑《いんしん》ぶりを目のあたりにして驚くとともに、翻《ひるがえ》って祖国日本の現状に落胆し、劣等感を覚えたのではないでしょうか。

しかし憶良は気づいたのではないか。シナは王朝によって、姓が変わります。周は姫氏、秦は嬴《えい》氏、漢は劉氏、隋は楊氏、唐は李氏です。それに引き換え、天皇家には姓がありません。彼らは臣下に姓を与える存在なのです。天皇家は苗字など必要のない神代からつづいている帝室なわけですから。シナは古いといわれるが、じつは日本の皇室のほうがシナの各王朝より断然古い。その思いつきが、「皇神の厳しき国」という言葉になったのではないでしょうか。

それから、「言霊の幸はふ国」という言葉。『古事記』は大和言葉を無理やり漢字で記述していました。『日本書紀』の地の文は堂々たる漢文で書かれていますが、膨大な地名・人名・神様の名前では、漢字は単なる「音標記号」として使っています。その他大量の長歌・短歌もぜんぶそうです。漢字を音声記号として使っているだけで漢訳はしていない。

そうしたのは、「言霊」の概念があったからでしょう。外国人にも読めるほどの漢文が使えた人たちなら、和歌も長歌も漢訳することは簡単なことだったでしょうが、そうしなかったのは、大和言葉には言霊があると信じられていて、漢訳するとそれが損なわれると考えたのではないでしょうか。憶良は白村江《はくそんこう》で、唐と新羅《しらぎ》の連合軍に敗れた日本軍の引揚者の子供です。半島には日本のような国文学がないことを知っていたとも考えられましょう。

神代からの皇室が連綿とつづいている国であり、大和言葉という伝統がある言葉を用いた独自の文学がある国が日本だと、この万葉の歌人は洞察したのでしょう。そして彼はその二つの点において、決して日本がシナに引けを取らないことを理解していたと思います。

神社に見る日本人の本質

一九六九年アメリカから帰国する途中、私はギリシアのスニオン岬に滞在したことがあります。そこには海の神様・ポセイドン神殿がありますが、そこまでの道は両側が茨の道で、険《けわ》しく危なくて登りにくかった。人も見かけませんでした。全くの廃墟です。

その一週間後日本に帰ってきて、家族で石巻に旅行したとき、金華山島へと渡りました。この島は峻険《しゆんけん》で、神社の周囲は鬱蒼《うつそう》とした巨木が屹立《きつりつ》しています。祀《まつ》る人が絶えたら、木造の神社はすぐに朽ち果ててしまうような場所です。それでも朽ち果てなかったのは、昔から絶えることなく、日本人が日本の海の神様を祀り続けてきたということです。

それを見て、ギリシアと日本の神話の構造は同じであっても、かくも違うかと思いました。ギリシアは異民族が次々と入りこんできて、祀る人がいなくなってしまったから、ポセイドンの神殿は荒れ果ててしまったのではないでしょうか。ギリシアの神様は死んでいますが、それにたいし、金華山の神社に祀られている日本の神様は生きており、いまだに昨日作られたかのように立派なお社《やしろ》が存在し、祀る人が絶えません。ここにこそ日本の本質があると思いました。

日本の神社はすべて皇室に関係があります。伊勢神宮などを別とすれば、日本では天皇陛下が神様より偉いのです。神社に位を与えていますから。日本の神社は分かち難く皇室と結びついています。皇室がずっとつづいていて、それを「総本家」と崇め奉っている民族が絶えなかった結果が、このお社に現れているのでしょう。

シナ文明と異なる日本文明

西洋人も、もともと日本は儒教圏かシナ文明圏だと思っていました。お互い地理的にも近いし、漢字を使っていますから。

ですが西洋人の中でも、日本とシナとはまったく異なる文明だと見抜いた人たちがいます。『源氏物語』を英訳したイギリスの東洋学者アーサー・ウェイリーがその最初の人でしょう。ライシャワー駐日大使もそのひとりでした。また第二次大戦中にアメリカ軍が将校に与えた軍事マニュアルにも、日本はどんな民族であり、いかにシナ人と違うかが詳細に記述されています。最近では、サミュエル・ハンチントンが日本はシナとは違う文明であると著しています。これは伝統的に正しいと思います。

シナ人にしてみると、日本は漢字を使っているからシナ文明に属していると言いたい。彼らは無意識のうちに、日本を朝鮮と同様に見たいのです。

しかしその見方を阻むものがある。明らかなイシューにはしにくいまでも、問題視できると彼らが思ったのが「靖國問題」です。

靖國神社は神道です。彼らは、日本の神社が皇室と分かち難く結びついていることを、明確でないまでも意識している。ですから靖國参拝に関して圧力をかけるわけです。

ここで日本が折れてしまうのは大変なことなのです。ここで折れたら、彼らは際限なく文句をつけてくるでしょう。次には伊勢神宮の参拝をやめろ、最後は憲法から皇室に関する条項を外せとまで言うかもしれません。

日本という国は、神話の時代からつづいている王朝を持っている唯一の近代国家です。この点において、日本はまったくシナ文明とは関係なく独立している文明であるわけです。この認識を曖昧にしてしまうと、たちまちこの国はシナ文明の「支店」になってしまうでしょう。そういう意味で、靖國神社問題は象徴的なのです。

皇太子殿下のご発言について

皇室の継承問題は、まだ論ずるに早いと思っています。まだ「男系の男子」ご誕生の可能性はあるわけですから。

女帝に関して言えば、日本の皇室には「男系の女帝」しかいませんでした。持統天皇は天武天皇が亡くなった後の中継ぎ役でしたし、明正天皇は独身のままでした。愛子様を女帝にというのが昨今の議論ですが、ならば愛子様は独身のままでいいのかということもその俎上にのせなくてはなりません。その配偶者があるとすれば、どういう資格で、どう呼ぶべき人なのか、今まで二千六百年以上、例がないから全くわからない。以上のようなことを考慮すると、まだまだ議論は拙速に詰めないほうがいいと考えます。

二〇〇四年五月の皇太子殿下のご発言にコメントすることは差控えたいと思っていましたが、秋篠宮様のコメントもありましたので、敢えて一言申し上げることにします。それ自体はまさにご自身から発せられたもので、周囲の近しい人たち、ましてや天皇陛下には何もご相談されなかったのでしょう。

率直に申し上げて、将来皇后になる御方の、ご結婚以前のキャリアを重んじたいという殿下のご発想はいけません。外交官というのは、日本の国益のために外国と交渉する役目です。いったんご結婚されれば皇室の一員であり、皇室は憲法が示すように日本全体の象徴という存在です。そこに属する御方が、結婚以前のキャリアに言及されるのはいかがなものでしょうか。

雅子様が訴えられたことは、要するに「周囲に気を遣わなければならない」「思うように外国に行けない」といったような意味合いでしょうが、少し古い時代の卑近な例で言えば、息子の嫁が、結婚したら下男や女中や姑に気を遣って、気安く外出できないとこぼすようなものです。そういう会話はご夫婦の間にあっても構いませんが、夫婦の話題を将来百二十六代の天皇になる御方として、ご発言されたことはやはり不適当だったのではないでしょうか。また雅子様もお覚悟不足の感は否めず、やはり皇室に入られたら「自分のための公務は作らない。公務は受け身的なものではないか」と秋篠宮様が仰っている通りだと思います。

もし皇太子ご夫妻の周りにご相談相手がいらっしゃらなければ、自らお探しになるべきでしょう。いろんな方とお会いになれば、その中に気の合った方や、もっと話をお聞きになられたいとお思いになる方が必ずいらっしゃるでしょう。日本には人材はまだまだ豊富にいますから、ご遠慮なさることは全くないと思います。

皇統百二十五代の重み

昭和天皇は、幾たびの危機のときにも、そのご発言はまったくぶれることはありませんでした。二・二六事件のときも、終戦のご聖断のときもです。もちろん戦後もです。

私はやはり、今上陛下には御即位の時に第百二十五代と仰《おっしゃ》ってほしかった。そう仰らなかったのは、宮内庁の人がそういう文言を入れなかったためでしょうが、家庭教師をされたバイニング夫人の影響が多少なりともあったでしょうし、戦後という時代の雰囲気を自らお察ししてのことでしょう。ですが昭和天皇における乃木大将や杉浦重剛のような教育者がいたら、第百二十五代と仰ったと思います。天皇陛下のお傍には、やはり信念を持っている人がいないといけません。

それからもうひとつ、皇室を考えるときには、考古学と文献の区別をきちんとすべきと思っています。下品なエピソードで恐縮ですが、夏目漱石の家に泥棒が入ったときの話があります。明治のころの泥棒は盗みを終えてその家から出て行くときに、庭に脱糞していくと捕まらないと信じられていたというのです。

その夏目家の泥棒の体重や、足の大きさや、前日の食事などは、庭に残った足跡や大便から推測がつきます。しかし、泥棒が何を考えているか、頭の中までは解らない。もし手帳みたいなものがその場に落ちていれば、泥棒の頭の中はたちまち解るでしょう。

つまり、ここで言う足跡や大便は考古学で扱うものに相当し、手帳は文献や記録にあたるのです。ですから文献というのは尊いのです。

『古事記』『日本書紀』というのは、日本人や皇室のルーツ、氏素性《うじ》を明かしてくれる記録です。私はゲルマン人の王朝の文献や年代記を読んできましたが、『古事記』『日本書紀』に比べてなんとも粗末で簡素な内容です。王に関する記述も神武天皇とバイキング渡来の頃のイギリスを比べても歴然としています。

日本の天皇については『日本書紀』では大変詳しく書かれています。あれだけ膨大な量の地名・人名の固有名詞をインチキで創ることは誰にもできないでしょう。ですから記紀《きき》をまともに取り上げないで、日本史や皇室を論じようというのはとんでもないことなのです。

日本の皇室にはそういう連綿とした歴史と伝統が背景にあります。ですから、私はそれを端的に示す「第百二十五代」という皇統にこだわりますし、次の百二十六代天皇陛下ご即位のさいに、そう宣言されることを祈念しております。

【第14章】

あまりに拙速な女性天皇容認論

結論を急ぐ有識者会議

政府の「皇室典範に関する有識者会議」（座長・吉川弘之元東大総長）は二〇〇五年・平成十七年十月二十五日、皇位継承資格を「女系・女性天皇容認」に拡大することを決め、「第一子優先案」で集約する方針を固めました。

男女にかかわらず、第一子が皇位継承者と決められてしまえば、これから皇太子家や秋篠宮家で男子が誕生しても、継承順位は敬宮愛子さまが第一位となり、日本の歴史上九人目の女帝になられることになります。そして、愛子さまのお子様が次の皇位を継げば、わが国はじまって以来一度もなかった女系の天皇が誕生することになります。

この有識者会議は、小泉首相（当時）の私的諮問機関であり、審議会の内情に詳しい方の話ですと、会議のメンバーは多くが忙しくて出席もままならず、また皇室の伝統や制度に詳しくはなかった。はじめから女系天皇容認の方向で議事進行されていたと仄聞《そくぶん》しています。

その決定を聞いて、私が代表を務める「皇室典範を考える会」は、国会内で記者会見し、皇室の男系継承を維持するための慎重な議論を求める声明を発表しました。小堀桂一郎氏

（東大名誉教授）や八木秀次氏（高崎経済大学教授）らのグループも、同じように有識者会議での議論の拙速さを指摘し、慎重さを求めています。

「女系天皇の容認」は、二千六百六十五年にわたるとされる長い日本の歴史に一度たりともなかったことです。それを決断しようというのだから、多くの専門家たちを交えて、研究議論を尽くしてもらえばいいと思うのですが、なぜに結論を急ぐのか。第一回目の有識者会議から、まだ一年も経っていないのです。

皇族からご意見を伺うということも考えられましたが、有識者会議としては「政府判断としてはじめから聞かない」という方針をとっていました。

そんななか、三笠宮寛仁さまが、ご自身が会長を務める福祉団体の会報で「女性天皇」に触れ、「歴史と伝統を平成の御世《みよ》でいとも簡単に変更して良いのか」と、疑問を投げかけられていることが報じられました。

この疑問というのは、日本の歴史を知っている人間であれば、誰もが持つもので、有識者会議の出席者がその疑問を持たなかったことこそ、われわれ国民の疑問でしょう。会議で取りまとめられる最終報告書は、そこに書かれている方針のまま政府から国会に提出されて、最後には法律として成立してしまう恐れが充分にあります。そのまえに腰を据えた議論をして、何が問題なのかをじっくりと考えてもらうことが必要だと思います。

男系は「種」、女系は「畑」

一番問題なのは、女系天皇を容認するということが意味する重大さが正確に認識されているのか、ということです。

例えば、愛子さまが天皇に即位なされた場合、愛子さまは男系の女帝となります。次に、愛子さまのお子様が即位なされた場合に、どなたとご結婚されているかが問題の分かれ目になります。

愛子さまの配偶者が皇族のかたなら、男系になります。しかし民間人であれば、女系になってしまう。「男系の女帝」もあれば「女系の女帝」もある。女性天皇と女系天皇とは、同義ではないのです。このことが、この問題をなかなか理解しがたくさせている。

露骨な表現で大変無礼なことと重々承知していますが、この問題を卑近な譬えで言うと、「種《たね》」と「畑《はたけ》」という言葉で説明できると思います。

天孫降臨の御神勅からも解るように、わが国は昔からコメ中心の国であると考えられてきました。皇統というものを農業のイメージで日本人は捉えていたと言っていい。

イネやヒエ、ムギなどの「種」は、どの「畑（田んぼ）」に植えても、その植物が育ちます。イネの種（籾）を植えればイネとなり、ヒエの種を植えればヒエとなり、ムギだったらムギになる。

そこに連続性の観念が生じます。一方、「畑」にはイネを植えればイネですが、セイタカアワダチソウを植えればセイタカアワダチソウになり、連続性の観念は崩れる。

男系というのは、「種」を重んずる思想、つまり連続性を重んずる思想であり、女系というのは「畑」を重んじる思想、つまり「種」の連続性でなく「畑」の相続を信ずる思想なのです。農耕民族である日本人は、畑を重視するのではなく、種こそかけがえのないものとして尊重してきました。ですから皇統断絶の危機があったときには、遠い血筋であっても求めたのです。その顕著な例は、武烈天皇（二十五代）から継体天皇（二十六代）への皇位継承でしょう。武烈天皇から見れば、継体天皇は高祖父の玄孫《げんそん》で、十親等も離れた遠戚です。

逆に「畑」には拘《こだわ》らない。例えば平安京をお造りになった桓武天皇には多くの妃がいましたが、その妃たちは日本各地のみならず百済あたりからも奉られています。そこに植えるのが、神武天皇以来の種であればこそです。

このような皇室の伝統（システム）が二千六百年以上続いたのです。もしこれが途中で途切れたら、日本人から皇室尊重の観念が消えていたでしょう。

例えば大阪の商人などを引き合いに出して、女帝容認論を論じる向きもあります。家業のためなら、婿養子をとることもするじゃないかと。しかし、それは家業を継承していくためであって、皇統は家業ではありません。それにその商家の家業が傾けば、世間からは冷たく放っておかれるでしょう。

皇室はそうではありません。いかに貧窮しようとも、権力者たちは尊敬を払った。戦国時代のように、ほとんど誰にも顧みられることなく、きちんとした葬式も出せないほど落《らく》魄《はく》した時代もありましたが、そのときでさえ織田信長や上杉謙信、武田信玄、豊臣秀吉などは、皇室を何とか援助しようとし、何とか上洛せんとして機会をうかがっていました。皇室が持っている権勢や権力が戦国武将たちを惹きつけたわけではなく、神武天皇以来の種が脈々として天子様に受け継がれていることが、彼らにとって重大な意味を持っていたからです。

また、愛子さまが女帝になれないのは、男女平等の観点からおかしいと言う人もいますが、この問題は前から述べてきているように、種と畑の問題ですから、そういう観点を持ち出されても見当違いなだけです。

朝日の真っ当な女帝論

ここに面白い記事があります。『週刊朝日』（二〇〇五年十一月十一日号）に掲載された、「有識者会議『女系天皇』容認への疑問符」がそれです。

「……（中略）女系の天皇を認めることは天皇の血筋の純粋性、一貫性を重視する発想に永遠に別れを告げることになるだろう。

つまり天皇を天皇たらしめてきたものが『血統』から『機能』へと大きく重心が変わる。そんな歴史的転換がこれほど簡単に行われていいのだろうか（後略）」

天皇や皇室には甚だ冷淡な態度を取っている朝日新聞系列の週刊誌であり、しかも書いているのは岩井克己という朝日新聞編集委員です。編集委員ならば、朝日新聞本紙に書いてもよさそうなものを、そこには書けなかったがゆえに『週刊朝日』へ書いたのでしょうが、一読すれば至極真っ当な内容で、きっと朝日にしては例外的な人物なのでしょう（彼は後に本紙にも書いています）。

この記事では、紀宮さまと黒田さんとのご結婚を引き合いに出して、女系天皇容認論が抱える問題点を明らかにしています。

岩井氏の解説は、お二人のご結婚が皇室典範改正後と仮定してはじまる。ご結婚後、お二人の間に男女ひとりずつお子様が生まれたとする。このご兄妹はともに父方が黒田さん、母方は天皇家の血筋を受け継ぎ、皇位継承権を持つ。仮に、兄が即位すれば「女系の男性天皇」、妹なら「女系の女性天皇」になる。

さらに、その兄が黒田家一族の人間と結婚したとすれば、兄ご夫婦のお子様の祖先は、男系女系問わず黒田家となる。妹ご夫婦のお子様の場合、女系のみが天皇家の血筋をさかのぼることができる。

つまり、これまで脈々と続いてきた天皇家の血筋の純粋性と一貫性とが失われてしまうというのです。そして、男系でも女系でも血筋を問わないという考え方は世界でも極めて少ないと、岩井氏は指摘している。

この説明からも、有識者会議で話されていることは、いずれ日本国民にとって皇室が崇敬の念を抱く対象でなくなるだろう道を開いてしまうこととなのです。畑はどこであっても構わないが、男系、つまり種は守るということが大前提として揺るがなければ、もっと視野の広い選択肢もあり得ると思う。

ただ大いに気になるのは、左翼学者たちが、女帝容認論に熱心で賛成なことです。もし容認したら、いずれ将来日本国民は皇室を崇敬する意識が薄れ、皇室は廃れるであろうと彼らは期待している。戦前のコミンテルンの指示でも解る通り、皇室をなくすることは、左翼の悲願です。先の大戦で日本が敗けても実現できなかった大願が、ひょっとしたら成就できると感じている。だから熱心なのです。女帝容認論の本質を知っていて、その論に賛成と言うのならば、それは皇室廃止論者と見做していい。そう言えば、有識者会議の議長の吉川弘之氏は学生時代、民青（代々木系）だったそうですし、副議長役の園部逸夫氏は最高裁で際立って左翼的な見解を示した人ですし、もと社会党左派系といわれる学者も入っています。

女性天皇はすべて未婚

かつて日本には、女帝が十代八人おられました。年代順に推古天皇、皇極（＝斉明）天皇、持統天皇、元明天皇、元正天皇、孝謙（＝称徳）天皇、明正天皇、後桜町天皇で、皇極天皇と孝謙天皇は退位した後に再即位している。孝謙天皇までの六人は奈良時代までという古代の天皇であり、残りの二人も江戸時代初期・中期の在位です。

そのいずれも男性天皇の皇女（男系）ですが、その女性天皇の子供（女系）が即位した例はありません。その後は男系男子の天皇に戻っています。女性天皇はいずれも緊急避難的な存在だったのです。

また女性天皇は、すべて前代の天皇の未亡人、あるいは未婚の女性皇族でした。孝謙（称徳）天皇、明正天皇、後桜町天皇は生涯独身でした。愛子さまが天皇になられるのであれば、皇室の伝統によれば生涯独身ということになります。昔ならいざ知らず、それでは愛子さまは天皇になりたくないとおっしゃるかもしれません。

そういう場合のために、皇族というバックアップ機能があって、「皇室の藩屏《はんぺい》」と昔は呼んでいました。藩屏という意味は、わたしの子供の頃はよく理解できなかった。皇統断絶の危機にあっては、引き継がれていた男系の〝お世継ぎ〟を差し出す。これが藩屏の役割なんです。

大名もそうですが、何よりも種を残すことが大事ですから、皇室でも権典侍《ごんのてんじ》に代表されるような側室制度があって、正式の皇后でない方から、お世継ぎが生まれるということがありました。明治天皇もそうですし、大正天皇もそうでした。

子どもの頃、大正天皇のご生母は、明治天皇側室二位局である柳原愛子《なるこ》であることは誰でも知っていました。

昭和天皇の代になってから側室制度がなくなりましたが、貞明皇后（大正天皇皇后）も、香淳皇后（昭和天皇皇后）も、幸いにして多くのお子様に恵まれたので、心配はありませんでした。しかし不思議なことに、昭和四十年の秋篠宮さま以降、皇族に男子が誕生しておりません。その現実が、女性天皇や養子を認めない現行皇室典範のままでは、皇室が存続できなくなるという危機感を生み出したのです。

ですが、私は女系天皇を認めるという、日本はじまって以来の決断を下すまえに、それを回避する穏健な方法があると思っています。

拙速な議論は必要ない

ひとつは宮家の復興、つまりは藩屏の復興です。終戦後、多くの宮家が臣籍降下なされた。それは進駐軍の命令があったし、彼らを養うだけの国家予算もなかったからと聞いています。

ですから、降下した宮家を皇族に復帰させよという意見もあります。ですが、いまの社会の通念から言って、そのまま復帰させることは難しいのではないでしょうか。そういう元皇族の方たちは、皇籍離脱してから必ずしも皇族としての品格を保つような生活環境におかれていなかった方もあるでしょう。

それでも天皇の血筋を受け継いだ方はいらっしゃるわけですから、その方のお子様たちを現在の宮家の養子にする。現在の皇室典範では認められていない、皇族を皇族が養子にするという制度を認めれば選択肢が大幅に増え、藩屏ができ、その役割も充分果たせるようになるのではないかと思います。

もうひとつは、側室制度に替わるものとして、科学の力を活用する。つまりは人工授精です。現代ではその技術の精確度も増しているでしょうから、それを活用することも視野に入れていいのではないでしょうか。

以上のようなことを考慮していけば、女帝問題というのは、今日《こんにち》只今何も焦ることはないし、今日明日を争うような拙速な議論も必要ないと思う。過去において、どのような経緯で女帝が誕生し、どのように男系が、つまり神武天皇以来の「種」が守られてきたかという、先人の知恵と努力を、じっくりと顧みて研究議論し、その結果を皇室典範に反映させればいい。明治の皇室典範も、井上毅をはじめとして、当時の国学者らを総動員して作り上げました。明治天皇はそのすべての会議に臨席されたと聞いています。それに匹敵するくらいの努力を、今回の改正でも傾けるべきでしょう。それをたかだか十カ月程度の、左翼系の人の強い素人の審議で事足れりとしてはいけません。

皇位は男系を引き継いでいくこと、この一点にこそ、二千年以上、百二十五代にわたり神話の時代から続いてきた世界で唯一の王朝の価値と崇敬とがある。そして、この原則が死守されてきたからこそ、その伝統や正統性が敬われ、天皇は国民統合の象徴となってきました。日本の皇室は、世界の文化遺産に匹敵する、非常に稀有な存在だと思うのです。

尊さの源は「種」

前にも述べましたが、私が終戦十年目の一九五五年にドイツへ留学したときのことです。当時ドイツは敗戦国として国際社会で肩身が狭かったのですが、とても親日的でした。ある日家庭へ招待されたとき、「日本には、たしか〝テンノー〟という元首がいたはずだが、敗戦後どうなったのですか?」と訊かれました。

「今でも天皇は戦前と変わらずに在位していますよ」と私が答えたら、彼らは非常に驚いていました。彼らの歴史観で言えば、戦争や革命で敗北した国家の元首や帝室が以前と変わらずに存続しているということは信じられないことです。ですから、自分たちと同じく第二次大戦の敗戦国である日本の元首が、戦後も変わらずに天皇として在位していることに、彼らは感動していました。

それを見て、私は百二十五代も続いている日本の皇室こそが日本人の誇りなのだと、はじめて実感したのです。

最後に、有識者会議の報告通りのことが起こった場合の危険性も考えておきましょう。愛子様が即位なさるのは、今上天皇のあと、皇太子殿下が天皇になられた更にその後です。どんなに早くても四十年、五十年後ぐらいと考えてよいでしょう。すると今のままだと、その頃には皇族と言われる男子は一人もいないのです。愛子様が女帝の伝統に従って独身を続けられるならば、皇室はそこで断絶します。もし結婚なさるとすれば、相手はどなたになるのか。女帝の配偶者を示す日本語はありません。もし李王家の子孫と結婚されるならば、日本の皇室はコリア系になります。このような皇統の危機は、千二百四十年前に、称徳天皇（女帝）と弓削道鏡との関係以来なかったことです。その危機を救った和気清麻呂のような人、更に天武天皇系の称徳天皇の後は、天智天皇系に戻した藤原百川のような人はいないのでしょうか。

（編集部注）平成十八年九月六日に、秋篠宮文仁親王と同妃紀子さまとの間に第一男子（悠仁親王）がお生まれになった。そのため皇室典範改正の動きは消えていった。

【第15章】
天皇「生前退位」の衝撃！
摂政を置いて万世一系を

皇室典範を変えるべきではない

天皇陛下が突然生前退位の意向を示された（平成二十八年七月）。そうすると、皇室典範を変えることになるのでしょうか。他にもできることはあると思いますが、まず私は摂《せっ》政《しょう》を置くことをご進言申し上げたい。皇室典範を変えることには反対します。

元来、皇室典範は皇室の憲法であり、国民の憲法と並立したものでありました。ところが、ＧＨＱの意向により、他の法律と同じように皇室典範の改正は国会が行うことになりました。国民が国会を通じて皇室制度に関与することになり、憲法の下に置かれたわけです。マッカーサー司令部の意図の下にある皇室典範の〝改正〟こそ、彼らの狙いだったのでしょう。安易に皇室典範を変えるべきではありません。

それではどうすればいいか。前例を踏襲すればいいのです。

大正天皇がご病気のために皇太子裕仁《ひろひと》親王（後の昭和天皇）が摂政になられ、大正天皇が崩御《ほうぎょ》なさると昭和天皇が即位されました。その形式でよろしいのではないでしょうか。

摂政を置けば、陛下の天皇位は変わりませんし、年号も平成のままです。遠い例では、聖徳太子が推古天皇の摂政を務めています。推古天皇は日本初の女性天皇で、聖徳太子は甥にあたる。中国でいえば隋の時代からある制度です。大昔から継承される伝統的な慣例に従って、摂政を置くわけです。

それには、皇室会議で賛成の議決を得ればいい。「お祖父さま（昭和天皇）の例に従い、皇太子殿下に摂政となっていただきます」という声明を発表すればどうでしょうか。皇太子殿下が摂政になられても何の問題もありません。雅子妃はご病気を押してまで公務に出る必要はないのです。

女性天皇と女系天皇は違う

長期的に考えなければならないのは、王位継承権を持つ方が高齢により現在ほとんどいなくなっていることです。皇室の継承は、①「種《タネ》」の尊さ、②神話時代から地続きである――この二つが最も重要です。

歴史的には女帝も存在しましたが、妊娠する可能性のない方、生涯独身を誓った方のみが皇位に就きました。種が違うと困るからです。たとえば、イネやヒエ、ムギなどの種は、どの田圃《たんぼ》に植えても育ちます。種は変わりません。しかし、畑にはセイタカアワダチソウの種が飛んできて育つことがあります。畑では種が変わってしまうのです。

混同されやすいのですが、女性天皇と女系天皇は意味が違います。男系は「種」を重視しますが、女系は「畑」を重んじる考え方。女性天皇の配偶者が皇族の人なら「男系の女帝」、民間人であれば「女系の女帝」となります。皇室は男系であることを守り続けてきた。

皇室にも紆余曲折《うよきょくせつ》の歴史があり、男系が途絶えそうになることも度々ありました。その場合は臣籍降下《しんせきこうか》をした元・皇族に皇室に復帰してもらうのです。

今上天皇は百二十五代目ですが、今から約千五百年前に即位した第二十六代継体《けいたい》天皇は先代の武烈《ぶれつ》天皇とは十親等も離れた皇族でした。男系の種を継続することがいかに大切で尊いかということです。

戦国時代には皇室は微力になりましたが、それでも種が継続していることによって奉《たてまつ》られたのです。徳川時代の皇室の知行高《ちぎょうだか》は三万石から四万石といわれます。それに対して、時の将軍は六百万石から八百万石でした。それでも天皇の勅使《ちょくし》が来ると将軍家は非常に緊張した。元禄忠臣蔵の吉良上野介《きらこうずけのすけ》は勅使接待の責任者でした。

種には資産の大小は関係がありません。種の尊さというのはそこにあると思います。それさえ守り続ければいいのです。

今は悠仁殿下がおられるので問題ありませんが、その後にはあるいは愛子さまは皇后になられる道もあるでしょう。皇室から離れている男系を皇室に戻して、その方の皇后になる道もあります。しかし、愛子さまが天皇になり配偶者が民間人であれば、男系の歴史が途絶えてしまいます。それは日本の歴史上、類を見ないことです。それをしなかったから天皇制は続いてきたのです。

万世一系が揺らいではいけない

世界を見渡してみれば、神話時代から現代の皇室まで地続きなのは日本だけです。どの国も王室の歴史は神話から切り離されています。

典子女王殿下が出雲大社権宮司・千家国麿さんと結婚されましたが、お二人は天照大《あまてらすおお》神《みかみ》を祖先とする神代の時代からの親類同士となります。たとえば、ギリシャ神話のトロイ戦争で攻めたほうと攻められたほうの子孫が両方とも残っていて結婚することは夢にも考えられない。

日本は本当に特別な国なのです。外国の王室は本質的には参考にはなりません。日本以外の王室で最も古いのはイギリスで、一七一四年が始まりですから日本でいえば徳川中期です。スウェーデンの初代王はナポレオン時代の元帥です。

それに対して、日本の皇室は神武天皇以来、二千六百年以上もの歴史がある。二千年以上続いているのはローマ法王庁と皇室だけです。ローマ法王庁はやはり男系で、継承の方法が変わることはありませんでした。

この大昔からの伝統は文書に記録されているだけではなく、出雲大社や伊勢神宮という神社として残っています。「伊勢志摩サミット」は大成功を収めました。安倍首相は伊勢神宮の内宮で各国首脳を迎え、参拝しました。拝礼の際、「日本の皇室の先祖なので、敬意を払ってください」とでもいったのでしょう。

皇室の歴史において一番重要なことは男系であることです。男系を辿ればまっすぐ神武天皇に行き着く。それに神代の時代を遡《さかのぼ》れば、天照大神まで系図がつながる。それが日本の皇室なのです。

このような皇室の歴史を何の問題もなく継続させることができるのが、摂政という身近な制度です。

「生前退位の意向」の報道は日本中に衝撃を与えましたが、退位なさりたいというのは身体を休めたいということでしょう。摂政を置けば、ゆっくりお休みになれますから退位される必要はないのです。

天皇陛下が被災地を訪問される映像を見るたび、お身体が心配になります。お話になる時の腰をかがめる姿勢はさぞおつらいでしょう。私も八十歳を超えているのでわかります。

生前退位は皇室典範に規定がないので、それを変えるために長い時間がかかり、複雑な議論や手続きが必要になります。摂政を置けば、すべてうまく運ぶのです。

「退位なさらなくても、摂政を置いてお身体を休めてください」。そうご進言すれば、陛下は安心なされるかもしれません。

マスコミは少し騒ぎすぎではないでしょうか。あまり難しく考えなくてもいい。万世一系が揺らぐようなことがあってはならない。それだけを考えればいいのです。

（『Ｗｉ Ｌ Ｌ』二〇一六年九月号）

おわりに――ソクラテスのごとく……

戦後の日本人の特徴のひとつとして、「そんなことを言ってよいのですか」と言うことがある。原稿でもよく表現や用語が不適切として削除や変更を要求されたものであった。江戸時代とか戦時中なら解らないこともないが、「言論の自由」を強く唱えていたアメリカ軍占領下の日本、その後に独立回復してからの日本において「そんなことを言ってよいのですか」というメンタリティが強いというのはどうしてであろうか。

その大きな原因のひとつは、占領軍の偽善的な政策によるものと思う。言論の自由を占領軍は与えたと言ったが、それは日本や日本の歴史、特に戦前の日本の政治や軍隊に対して「悪口を言う自由」にすぎなかった。GHQ（General Headquarters 連合軍総司令部）は日本進駐直後の昭和二十年（一九四五年）の九月十八日にプレス・コードを、同月二十二日にラジオ・コードを出し、翌十月八日から大新聞の事前検閲が始まり、それは雑誌、書籍、放送、映画、演劇にも及んだのである。プレス・コードの禁止項目は三十ばかりあるが、その中にはアメリカや東京裁判や占領政策についての批判禁止があると共に、シナ人や朝鮮人についての批判禁止もある。戦時中の日本は戦争についての批判は禁止されたが、アメリカやシナの悪口などはいくら言ってもよかった。つまり占領軍が高らかに謳《うた》い上げた「言論の自由」は、東條内閣の時の言論統制と同じことであり、それよりも日本人にははるかに厳しい言論統制になった。

プレス・コードは日本の独立回復後はなくなったわけであるが、その後遺症はずっと続いた。「コリアや中国の悪口を言ってはいけない」ということは、日本の左翼勢力の支持もあって強い言論禁圧となったままであった。たとえば、北朝鮮のことを世界中は「ノース・コリア」と言う。しかし日本ではＮＨＫでも朝日新聞でも「北朝鮮」と言えなかったのだ。「北朝鮮・朝鮮民主主義人民共和国」と長々しく書き、ＮＨＫのアナンサーは舌の嚙みそうな長い国名を正確に言っていた。それが「北朝鮮」と簡単に言えるようになったのは、小泉首相（当時）に金正日総書記が、日本人の拉致を認めてからである。プレス・コードやラジオ・コードが戦後半世紀以上も朝日新聞やＮＨＫを縛り続け、北朝鮮のような〝ならず者国家〟の出先機関である朝鮮総連関係者の要求に唯々諾々と平伏《ひれふ》していたわけである。またそういう態度を支持する政党や学者などもあったのである。

中国に対しても同じことだ。中国を中華人民共和国や中華民国の略称として用いるのは結構だ。しかし中国とは元来、周辺の民族を野蛮人扱いして、東夷《とうい》・西戎《せいじゅう》・北狄《ほくてき》・南蛮《なんばん》と呼ぶ時に、自分の国だけを「高し」として、自称する時に用いる言葉である。われわれの先祖はそれをよく知っていたから、『日本書記』に「中国」とあればそれは日本、つまり大和朝廷の国を意味していたのである。

国家としての中国は新しい。建国六十年も経っていない。韓国や北朝鮮よりも、インドネシア、フィリピン、ビルマよりも新しく誕生した国家である。その建国に先立つ数十年は混乱続きで、蔣介石の統一した国も短命だった。その前の清国は満洲民族の国家だった。従って大陸に次から次へと現れるいろんな民族の王朝による漢字文明圏を、通史的に呼ぶとすれば、英語のチャイナ、日本語のシナが適当である。従って地理的にも、中国大陸ではなくシナ大陸が各時代に通じて用いられる。今でも東中国海とは呼ばず、東シナ海と言っている。

このシナ大陸の漢字文化圏の通史は「シナ史」と呼ばれるべきであり、その通史的研究は「シナ学」であるべきである。戦前の京都大学の支邦学のレベルは非常に高いとされていたが、その時の学者の弟子や孫弟子たちは、支邦学をやめて中国学、中国文学などと言っている。この人たちは専門家であるからシナという言葉にもともと侮蔑的な意味がなかったことを知っているはずなのだ。中国という言葉の原義も知っているはずだ。それなのに現代シナ文学の意味で中国文学と言うならいざ知らず、どの時代のシナ文学をも中国文学と言っているのだから、戦後のプレス・コードへの平伏期の卑屈さを恥じることなく生きていることになる。

もうひとつ、現代の日本人を卑屈にしている重大な誤解をあげておかなければならない。それは本書第6章や第7章などでもあげているが講和条約のことである。麻生太郎氏も、安倍内閣の外務大臣の頃に、外務省に変なことを言わされているほど、サンフランシスコ講和条約第十一条についての誤解は広く深く日本人の頭に刷り込まれてきている。いな刷り込み続けようとしている勢力があるのだ。その誤解というのは、「日本は東京裁判を受託することによって国際社会に復帰したのだから、東京裁判の判決も納得して受け容れろ」という主張のことである。しかし講和条約第十一条は、東京裁判の諸判決（judgm-ennts）の実行を日本に求めているだけなのである。終身刑とか禁固刑七年とかの刑を被告に果たさせるという要求である。しかもその刑の短縮の仕方まで決めているので、それに従って後に全員釈放になり、岸信介さんのように首相になったり、重光葵さんのように外相になったり、賀屋興宣《かやおきのり》さんのように法相になったりした人も出ているわけである。

では裁判と判決とどう違うのか。これを混同したのが朝日新聞であり、戦後ずいぶん経ってからの外務省である。

裁判と判決の違いを明らかに示した古典的な例はソクラテスである。彼はアテネの裁判で、青年を堕落させたというような罪で死刑になった。ソクラテスはもちろんこの裁判には納得しなかった。彼の弟子たちも納得せず牢から救い出そうとするが、しかしソクラテスはこれを断る。その理由は、「裁判には納得しないが、判決を受けた以上、それに従わなければ法治国家は成り立たない」と言うのである。そして彼は従容《しょうよう》として毒杯を仰いだ。

近い例をあげよう。これは極めて解り易いので、朝日新聞の社説を書く人にも理解できるであろう。私はこの例を他でも何度かあげさせてもらったが、いずれも「よく解った」と評判がよいのである。

その近い例というのは戸塚ヨット・スクールの戸塚宏氏である。彼はそのスクールの生徒を死なせたというので、監禁致死・傷害致死で訴えられ、有罪の判決を受け、数年間刑務所に入らねばならないことになった。彼は裁判には不服であったが、有罪の判決が下った以上は法治国家の市民として入獄すべきだと考えて入獄した。ソクラテスと同じ発想だった。

彼はもちろん刑務所の中で模範囚であった。模範囚には刑期短縮のチャンスが与えられる。戸塚氏はそれを全部断った。なぜならば、刑期を短縮してもらうためには「恐れ入らなければならない」。つまり、「裁判はもっともでした」と言って反省の色を示さなければならない。しかし戸塚氏は言った。

「自分は監禁致死とか傷害致死など犯していない。しいて言えば業務上過失致死である。この罪状でならいくらでも恐れ入るし、反省もするが、監禁致死や傷害致死の罪状に服するわけにはいかない」

こうして戸塚氏は刑期を満期務め上げて出獄した。裁判受諾と判決受諾の根本的な差をこれほど明らかに示してくれた戸塚氏にわれわれは感謝すべきであろう。

東京裁判の被告たちは、誰一人として裁判に納得などしなかった。最も解り易いのは、東條大将の宣誓供述書だ。彼は「敗戦の責任はいかようにも負うし、喜んで負うが、検事の言うような犯罪は犯していない」ということを実に雄弁に述べている。それには説得力もあって、マッカーサー元帥が後に昭和二十六年五月、アメリカ上院の軍事外交合同委員会で「日本人が戦争に突入したのは、主として自衛のため余儀なくされたのであった」と証言した時、その論拠としてあげているのは東條被告の供述書の主旨である。日本人の被告たちは裁判には納得しなかったが、判決には敗戦国民として従わざるを得なかったのでである。

私の印象から言うと、「日本は東京裁判を受諾して国際社会に復帰したのだから、東京裁判の言うことに納得しろ」と主張し出したのは反日的な左翼であり、その主張が外務省や政府筋に浸透し出したのは、日中国交樹立の頃からではないかと思う。

本書に収録した各章は、月刊誌『ＷｉＬＬ』の創刊当時、毎月編集者相手に語ったものである。新しい形で再刊されるのは、ＷＡＣ㈱の鈴木隆一社長のアイディアと出版局長の松本道明氏のご努力によるものである。深く感謝する次第である。

平成二十年九月

渡部昇一

渡部昇一（わたなべ・しょういち）

上智大学名誉教授。英語学者。文明批評家。昭和５年（1930年）、山形県鶴岡市生まれ。上智大学大学院修士課程修了後、独ミュンスター大学、英オクスフォード大学に留学。Dr. phil., Dr. phil. h.c.（英語学）。第24回エッセイストクラブ賞、第1回正論大賞受賞。

著書に『英文法史』などの専門書のほか、『知的生活の方法』（講談社）、『「日本の歴史」①〜⑦』『読む年表　日本の歴史』『渡部昇一　青春の読書』『古事記の読み方』『万葉集のこころ　日本語のこころ』『だから、論語を学ぶ』（ワック）などの話題作やベストセラーが多数ある。2017年4月逝去。

歪《ゆが》められた昭和史《しょうわし》

2021年10月４日　初版発行

著　者　渡部 昇一

発 行 者　鈴木 隆一

発 行 所　ワック株式会社
東京都千代田区五番町 4-5　五番町コスモビル　〒 102-0076
電話　03-5226-7622
http://web-wac.co.jp/

印刷製本　大日本印刷株式会社

ISBN978-4-89831-854-6

渡部昇一のロングセラー

「日本の歴史」①〜⑦

神話の時代から戦後混迷の時代まで。特定の視点と距離から眺める無数の歴史的事実の中に、国民共通の認識となる「虹」のような歴史を描き出す。
ワックBUNKO　各巻・本体価格九二〇円

読む年表　日本の歴史

B-211

日本の本当の歴史が手に取るようによく分かる！神代から現代に至る重要事項を豊富なカラー図版でコンパクトに解説。この一冊で日本史通になる！
ワックBUNKO　本体価格九二〇円

渡部昇一の昭和史㊣　新装版

B-338

日本は「侵略国家」に非ず。フェイク史観（東京裁判史観・亡国史観・半藤史観）よ、さらば。「反日」に勝つための「昭和史の常識」、ここにあり！
ワックBUNKO　本体価格一〇〇〇円

http://web-wac.co.jp/